國學與現代生活

謝明輝　著

序

　　謝老師是本校通識中心國文講師，是個深具潛力的年輕學者。來校服務期間，不斷在教學及服務上，力求精進，認真盡責，從他的著作及受國防部邀請講演「敲響心靈第一鐘，認識自己最威風」即可窺知一二。

　　在現今資本主義掛帥，物慾橫流的科技時代中，大多數的人們已趨向享樂自我而迷失人生方向，物質追求過度膨脹之後，唯有心靈層次的洗滌才能安定人心。宗教、藝術、或音樂等固然是一股向上提昇的力量，可是其他典籍的涵養亦不可忽視。謝老師正在作這樣的努力，他把國學看成一種樂觀開朗的能量，讓人閱讀後，清新的元氣彷彿在內心沸騰起來。

　　「創意」（innovation）是本校教育的基本理念之一，謝老師在這本著作中可看出這樣的創意。雖然唐詩距今已有一千多年，但在謝老師的筆下，把它分為十四個與我們生活息息相關的主題，讀來親切感人。而且《周易》、《老子》《莊子》等古老的思想智慧，竟然可以解決卡奴或迷信等人生問題，他的說理引證，令人信服。謝老師還比較中日英三種語言，目的要提昇民族自信心，也顯示出他深具國際視野，強化了本國文化的根。最特別的創意是，謝老師把姓名學與文學結合起來，重新賦與它新的生命，從編造故事、學習對聯、拆解文字等三個角度，加強自我樂觀積極的正面意義。正如書中所說：

　　我講這個「謝明輝」故事，並非想當總統，而是藉由故事塑造一個正面向上的意義，創造樂觀進取的精神。(本書第四章〈姓名學與文字誤用〉，頁101)

　　本人衷心期盼謝老師能持續在教學、服務、研究等三方面，奮力不懈。在本書即將出版之際，本人樂於為其寫推薦序。

長榮大學校長

2006 年 5 月

自序

　　在長榮大學任教已有多年，在大一國文的教學過程中，我時常思索一個問題：「學國文要怎麼用？」也就是說，如何把古人的思想智慧落實於現代生活之中。

　　許多學者所合編的國文教科書，其性質是國學選本，他們從歷代浩翰的國學典籍中，披沙撿金，依其獨特的學術眼光，將古人思想結晶選入所謂的國文教科書中。儘管每篇文章皆有「精闢研析」及「作者」「注釋」「問題與討論」等詳盡解說，但似乎無法提高學生的學習興趣。其關鍵在於解析的方向是「以今就古」，詮釋古人文章側重瞭解古人，雖然這也是理解的角度之一，但畢竟太過高深。這樣學生會認為不夠貼近他們的生活，因此興趣缺缺。如果採用「古為今用」的詮釋角度，講解時側重現代生活的用處，如此會比較貼近學生，也比較有趣味，本書試著從古籍與現代生活結合的觀點出發，嘗試以現代生活為重點來解析古籍，而非以古籍為重點來理解古人生活。

　　一般而言，國學在傳統上的分法是經、史、子、集四大類，而本書將其分為：思想、文學、語文等三大類。本書共有六章，平均每二章討論一大類，一二章討論文學；三四章討論語文；五六章討論思想。書末並附錄相關表格及過去在《國文天地》《孔孟月刊》及《中國語文月刊》等知名刊物所發表的一些相關文章。文字上，力求通俗淺近，內容上，儘量貼近生活。

　　第一章談的是唐詩與現代生活的關係。共分「聆聽音樂」

「美食饗宴」「兩性愛情」……等十四個主題。每個主題皆引唐
詩來作討論，不以瞭解古人生活為重點（只是解說的方向之
一），而是把唐詩作為現代生活的素材，使唐詩成為現代人必備
的心靈補給品。

第二章談的是詩歌應用。共分「應用於春節」「應用於政治」
「應用於日記」等三節論述。文中釐清詩歌與對聯關係，並說
明對聯的作法。我也分享在軍旅生涯中的日記感言。

第三章談的是中國文字特性。主要討論漢字的造字原理，
並藉由與英日文字系統的比較中，加強對國學的敬重，提昇民
族自信心。在第二節「凝固式及圖象式的漢字字形——與英日
文作比較」中，特別感謝中山大學外文系鄭國憲教授的觀念指
導，釐清三種語言之間的關係。讀者亦可藉此學習英日文，附
有假名五十音，以利日文的查考。

第四章談的是姓名學與文字學的關係。生肖姓名學充份利
用文字字形的拆解，加上陰陽五行及天干地支的機械式配合，
試圖推算人類命運。我在第一節「姓名學與文字誤用」有詳細
說明，文中論述了現今社會的迷信現象背後，隱藏著人心的不
安全感，我也提供一些取名字的參考。在第二節則提出破除迷
信思想的建議。即透過將姓名編造故事、學習對聯及字形離合
等三方面來重新創造光明而正面的意義。

第五章談的是周易思想。周易是儒家思想的代表，經孔子
道德性的解釋後，提昇自我安定的力量。我也簡單介紹了現代
卜卦及解卦的方法，此節僅供參考，不能沈迷。

第六章談的是道家老莊思想。一二節分別說明老莊思想的
內涵後，第三節提出老莊思想的現代意義在於解決人生煩惱，

諸如：卡奴問題、命運問題或人間問題……等等。

　　文章寫作猶如烹飪，我以「古為今用」為觀點，煮出「國學與現代生活」這道菜餚，所用的食材是唐詩、中國文字、周易、老莊……等古籍，再加上書後所附錄的相關表格及文章……等等的一些調味料，端上桌後，誠心邀請讀者來細細品嚐，能否抓住您的胃？我就不得而知了。

　　最後，特別感謝中山大學鮑國順教授及中興大學李建崑教授對本書一些篇章的指導，亦感謝簡錦松教授在學術生涯上的鼓勵提攜，還有父母恩賜我平凡的小智慧。更感謝秀威資訊公司，慨允我出版拙著，自知學識淺陋，錯誤難免會有，尚祈方家不吝指正。

明輝序於台南「如非齋」

2006 年 4 月

目次

第一章　唐詩與生活

前言

　　文學理論有四個元素：宇宙，作品，作者，讀者。中國學者研究詩歌重視作者的生平及背景，藉由作者的人生分期及生涯遭際，可使讀者更容易進入詩歌作品的奇妙世界。西方學者研究重點則是作品的分析，以美學為主要訴求，關心讀者的感受，所以有「讀者接受理論」的興起。而本章的探討角度主要從讀者的感覺出發，不往探析作者的方向進入。因為「詩無達詁」，詩歌可隨讀者的年齡、背景、教育、環境等因素而有多樣化的詮釋及接受[1]。我想以「詩歌即現代生活」讀者角度切入，結合古代及現代共同生活經驗，開闢聆聽音樂、美食饗宴、兩性愛情……等十四個主題，藉由天馬行空的古今自由聯想而把詩歌應用於生活之中。

一、聆聽音樂

　　聽朋友彈琴是每個人求學時的共同記憶，有些男生為了追求心儀的女子，不分晝夜地練習彈吉他，即使五指彈出

---

[1]　可參閱本書所附錄的三篇文章。〈李商隱〈流鶯〉一詩解析〉，《國文天地》208 期，頁 97-101。〈咀嚼一首李商隱〈無題詩〉的趣味〉，《中國語文月刊》551 期，頁 93-96。〈談王建詩對婦女之關懷〉，《國文天地》237 期，頁 78-83。

血，彈出繭來，也是心甘情願。而有些女生從小會學習一些音樂才藝，最常見的就是鋼琴。會彈鋼琴的女子總給人一種氣質高雅的印象，瞧她那一頭瀑布似的長髮，再加上有意無意間手指傳遞出柔柔之音，必定令人為之痴醉。

不同身份，不同心境，不同樂器，所給人的感覺一定是有所不同，你有聽過和尚彈琴嗎？李白有聽過。你有聽過英勇的戰士吹笛嗎？李益有聽過。你有聽過含情脈脈的少女彈箏嗎？李端有聽過。你有聽過外國人吹篳篥嗎？李頎有聽過。你有聽過怨婦彈胡笳嗎？李頎有聽過。以下我們來看看這些著名的唐代詩人是如何在聽音樂時，把他們的心情寫成一首首動人的詩篇。

（一）李白《聽蜀僧濬彈琴》

> 蜀僧抱綠綺，西下峨眉峰。
> 為我一揮手，如聽萬壑松。
> 客心洗流水，餘響入霜鐘。
> 不覺碧山暮，秋雲暗幾重。（《全唐詩》[2]卷 183，
> 頁 1868）

李白聆聽四川和尚彈琴，琴音悠揚，像風吹萬松的震撼，心情彷彿流水洗過般清涼舒暢，一時聽得著迷，不知不覺已到黃昏。李白似乎暗示清音的美妙，總令人百聽不厭，甚至忘記時間。第四句的比喻法，把清音描述得很具體，第八句的

---

[2] 本書所引之唐詩，所用版本皆為《全唐詩》（北京：中華書局，1960年版）

設問法，使人餘味無窮。

（二）李益《夜上受降城聞笛》

> 回樂峰前沙似雪，受降城外月如霜。
> 不知何處吹蘆管，一夜征人盡望鄉。（《全唐詩》
> 卷 283，頁 3229）

戰士們遠在邊疆堅守崗位，但內心卻很寂寞，沒有家人陪伴，如何排遣寂寥呢？有人正吹著笛子，可是笛聲從哪來？先往遠處的回樂峰前看看，只見白沙無垠，再往近處的城外望望，也只看明月如霜，這樣悲涼的笛聲原來是我身旁的同袍所吹奏的。一二句用比喻法，將邊塞夜色描述地很形象化，三句用設問法，吊人胃口，增加懸念的效果，一顆思鄉的心，懸在那邊。

（三）李端《聽箏》

> 鳴箏金粟柱，素手玉房前。
> 欲得周郎顧，時時誤拂弦。（《全唐詩》卷 286，頁
> 3280）

這是一首才女彈箏吸引心上人的詩歌。女子的琴藝雖然出眾，但遇到心上人（周郎）時，因平日專注的心已飛到周郎身上，所以拂弦時頻頻出槌。後兩句的心理刻畫，十分入微。想強求周郎的一個眼神卻無法如願，靈巧的素手竟不聽使喚地亂撥一通。這樣的心理，您有過嗎？

（四）李頎《聽安萬善吹觱栗歌》

> 南山截竹為觱篥，此樂本自龜茲出。流傳漢地曲轉
> 奇，涼州胡人為我吹。
> 傍鄰聞者多歎息，遠客思鄉皆淚垂。世人解聽不解
> 賞，長飆風中自來往。
> 枯桑老柏寒颼颼，九雛鳴鳳亂啾啾。龍吟虎嘯一時
> 發，萬籟百泉相與秋。
> 忽然更作漁陽摻，黃雲蕭條白日暗。變調如聞揚柳
> 春，上林繁花照眼新。
> 歲夜高堂列明燭，美酒一杯聲一曲。（《全唐詩》
> 卷 133，頁 1354）

「觱篥」是從西域傳入的直管樂器，似豎笛，略粗。李頎正
聆聽外國人在中國所開的一場吹奏觱篥的音樂會，在場聽
眾，有人歎息，也有人流淚，相當感人。觱篥所吹出的音，
像雛鳳亂叫，像龍吟虎嘯，像泉水奔流，從第九句到十六句
用比喻法，具體描述笛音，「漁陽摻」與「揚柳春」都是曲
名，「忽然」與「變調」二詞，使人感受出多變化的音調。

二、美食饗宴

　　美國心理學家馬斯洛（Maslew）提出著名的人格需要層
次理論，即金字塔式的五種需求層次論。由底層往上層追求
滿足，依序為生理、安全、被接納、自尊及自我實現等五層。
底層需求滿足後，才會向上一層追求。所以吃是人類最底層

的需求，也是最普遍的需求。

　　中國人對這種吃的基本需要，表現地最富有人情味。俗諺說：「呷飯皇帝大」，與人問候時，「呷飽沒？」讚美人深藏不露說：「靜靜呷三碗公半！」在在顯示吃是具有很大的學問。

　　人與人在吃喝之間，往往能加深彼此的感情。孟浩然在吃喝間，寫下了濃郁的友情詩；李白在酒桌間，展現出與友人深切之情誼；他也曾在山下巧遇道教友人而體悟「陶然共忘機」的人生樂趣；當然也曾於花月間獨醉過；杜甫歡迎友人所準備的青粥小菜，表達了吃喝背後的安貧嚮往。他們的經驗你一定有過，那麼他們是如何把吃喝寫入詩篇的呢？

（一）孟浩然〈過故人莊〉

> 故人具雞黍，邀我至田家。綠樹村邊合，青山郭外斜。開筵面場圃，把酒話桑麻。待到重陽日，還來就菊花。（《全唐詩》卷 160，頁 1651）

孟浩然把友人熱情招待的情景寫入詩中。他來到純樸的農舍，好友準備好大魚大肉和美酒，在吃喝間，他們閒話家常，談談農作物的生長情形。此次探訪，相談甚歡，相邀明年的重陽節，再來看看菊花。雖然吃喝不一定是聯絡友情的最佳方式，但藉由吃喝來引起話題，也可使氣氛更和諧。

（二）李白〈金陵酒肆留別〉

> 風吹柳花滿店香，吳姬壓酒喚客嘗。金陵子弟來相

送，欲行不行各盡觴。

請君試問東流水，別意與之誰短長。（《全唐詩》
卷 174，頁 1784）

不論古今，擺桌請客，已是常見的送別方式。酒菜滿席，談
笑言歡，情意自然流露。餐館香味四溢，服務小姐吳姬待客
親切，真令人流連忘反。後兩句用對比手法，將友情和東流
水作一比較，使人具體感受友情的真摯。

（三）下終南山過斛斯山人宿置酒　李白

暮從碧山下，山月隨人歸。卻顧所來徑，蒼蒼橫翠微。
相攜及田家，童稚開荊扉。綠竹入幽徑，青蘿拂行衣。
歡言得所憩，美酒聊共揮。長歌吟松風，曲盡河星稀。
我醉君復樂，陶然共忘機。（《全唐詩》卷 179，頁
1825）

李白黃昏從終南山下來，經過友人家，受到山人的款待，忘
掉一切世俗造作的機心。美酒當前，可使人暫時忘記一些煩
惱。李白到田家敘舊，照理說，應該有雞、三蘇菜或高麗菜
等美食才對，但他沒寫入詩中，大概是對吃沒啥講究或是菜
色不好吧！

（四）李白〈月下獨酌〉四首之一

花間一壺酒，獨酌無相親。舉杯邀明月，對影成三人。
月既不解飲，影徒隨我身。暫伴月將影，行樂須及春。
我歌月裴回，我舞影零亂。醒時同交歡，醉後各分散。

永結無情遊，相期邈雲漢。（《全唐詩》卷 182，頁
1853）

李白嗜酒是不爭的事實，傳說他是喝醉後，水中撈月而
死。酒是美食，所以愛不釋手。他很瀟灑，在月光的陪伴下，
唱著歌，與影子共舞。五句用擬人法，說明月亮不懂李白飲
酒的心情。

（五）杜甫〈客至〉（原注：喜崔明府相過。）

舍南舍北皆春水，但見群鷗日日來。花徑不曾緣客
掃，蓬門今始為君開。
盤餐市遠無兼味，樽酒家貧只舊醅。肯與鄰翁相對
飲，隔籬呼取盡餘杯。（《全唐詩》卷 226，頁 2438）

在鄉下地方請客，大都是家常菜，粗茶淡飯。因為屬於自給
自足的經濟型態，所以杜甫才說「無兼味」，清淡口味；「只
舊醅」，酒是自己釀造的。杜甫用自己種的菜，自己醞釀的
酒，無私地招待好友。這是一場充滿人情味的美食饗宴，杜
甫好客的心，展露無遺。

三、兩性愛情

愛情是古今中外千年不易的共同話題。在西方，羅蜜歐
與茱莉葉的殉情故事，歌頌了愛情的堅貞偉大，在東方，望
夫崖上的痴情少婦，不畏風雨，日夜凝望，竟然化為人石，
傳達出堅定不移的夫妻之情。

　　情路開始時總是快樂甜蜜，男子總先殷懃呵護，百般疼愛，叫他作牛作馬，從台南買一碗熱騰騰的擔仔麵，無論多遠距離，即使送到台北，他都心甘情願，可是進入家庭後，他的熱情似乎不在，就算喝蠻牛也難以恢復昔日的充沛活力，其實這是女性的誤解，這是男人把方向轉移，以另一種方式來疼愛，那就是拼事業。穩固的經濟基礎才是延長愛情壽命的不老仙藥。

　　從愛情到婚姻的兩性心理，唐詩皆有反映，請看崔顥、李益、李白的動人詩篇吧！

（一）崔顥〈長干曲〉四首之一

　　　　君家何處住，妾住在橫塘。
　　　　停船暫借問，或恐是同鄉。（《全唐詩》卷 130，頁 1330）

搭訕通常都是男性主動，他們搭訕的台詞五花八門，有「妳好像我的國小同學」、「妳好漂亮」、「你好聰明」、「我要妳」……等等，有些聽來不噁心，也不邪惡，但有些則有點煽情。此首是活潑主動的女孩向一名可能年紀相仿的帥哥搭訕，最後一句的心理描寫，臉紅嬌滴的表情，十分傳神。這樣的純情，令人羨慕！

（二）崔顥〈長干曲〉四首之二

　　　　家臨九江水，來去九江側。
　　　　同是長干人，自小不相識。（《全唐詩》卷 130，頁 1330）

承接上首，男方回答，兩人是同鄉，可是從小無緣相識。所以這次的邂逅難道是上天的安排嗎？因為同鄉，所以見面機會較多，培養感情也比較容易。

（三）李益〈江南詞〉（一作江南曲）

> 嫁得瞿塘賈，朝朝誤妾期。
> 早知潮有信，嫁與弄潮兒。（《全唐詩》卷 283，頁 3222）

「男怕入錯行，女怕嫁錯郎」一點也不錯。選什麼行業的老公，就決定女方婚後的幸福。妳是喜歡聚少離多的商人，還是朝九晚五的軍公教呢？見仁見智，看個人興趣及性格。此詩描述一位少婦嫁給長年工作在外的商人，一出城做生意就是數月，甚至數年，少婦獨守空閨，難免有怨言。在與船夫比較下，她寧願嫁給至少有固定歸期的船夫。此詩的觀點說明女人注重的是感情，而非物質享受。現代的女人是否如此？因人而異吧！？

（四）李白〈清平調〉三首之一

> 雲想衣裳花想容，春風拂檻露華濃。
> 若非群玉山頭見，會向瑤臺月下逢。（《全唐詩》卷 164，頁 1703）

這三首是李白讚賞楊貴妃美貌而寫的詩。看到雲就想到楊貴妃的衣裳，看到花就想到她的美貌，因為過人的姿色，所以獲得唐明皇的寵愛。後兩句從另一角度描寫，她的美貌非

凡，人間難見，只有在天上才能看到。強調楊貴妃清新脫俗之美。

　　無論婚前或婚後，此詩皆可用來讚美女友或老婆。

四、古蹟探幽

　　週休二日的假期，您是如何打發的呢？是成為電視奴隸？還是作夢天使？倒不如到郊外走走，嗅嗅花香，聽聽自然，看看綠地，摸摸古物，親親愛人……，來吧！與天神作一場無間的溝通吧！回教徒去去清真寺，基督教徒唱唱聖歌，佛教徒聽聽頌經，一般民眾緬懷一下古人，走訪古蹟，皆是不錯的選擇。唐代詩人常建、杜甫、王維等，在參訪古蹟寺廟時，他們會感歎什麼？發現什麼禪機？對生命有何體悟？

（一）常建〈題破山寺後禪院〉

> 清晨入古寺，初日照高林。竹逕通幽處，禪房花木深。山光悅鳥性，潭影空人心。萬籟此都寂，但餘鐘磬音。（《全唐詩》卷 144，頁 1461）

常建清晨來到幽靜的古寺，這裏的山光潭影等景物吸引萬物聚集，一片祥和，一片自由，此時內心已完全沈澱，只聽到梵音迴響在深林中。前三句訴諸視覺效果，網羅一切古寺周圍的美景，末句則用聽覺的動靜對比，藉由鐘磬樂音之律動，反襯古寺及內心的平靜。也就是說，靜是修行的最高境界。

（二）杜甫〈詠懷古跡〉五首之一

> 支離東北風塵際，漂泊西南天地間。三峽樓臺淹日
> 月，五溪衣服共雲山。
> 羯胡事主終無賴，詞客哀時且未還。庾信平生最蕭
> 瑟，暮年詩賦動江關。

千古風流人物，雖已灰飛煙滅，但他們生前的偉大事蹟，至
今仍供人效法學習。杜甫漫游五處古跡，他以詩歌憑弔四位
歷史人物：庾信、宋玉、王昭君、諸葛亮。庾信能引起杜甫
的感懷的是同樣的漂泊不定，同樣的貧窮蕭瑟，也因此才能
寫出驚天動地的詩詞來。

（三）杜甫〈詠懷古跡〉五首之二

> 搖落深知宋玉悲，風流儒雅亦吾師。悵望千秋一灑
> 淚，蕭條異代不同時。
> 江山故宅空文藻，雲雨荒臺豈夢思。最是楚宮俱泯
> 滅，舟人指點到今疑。

宋玉的悲涼身世引起杜甫的同情，他的風流儒雅的精神為杜
甫所景仰。他為宋玉流下淚來，雖然楚宮建築已不復在，但
宋玉的詩詞還流傳著。

（四）杜甫〈詠懷古跡〉五首之三

> 群山萬壑赴荊門，生長明妃尚有村。一去紫臺連朔
> 漠，獨留青冢向黃昏。

　　畫圖省識春風面，環珮空歸月夜魂。千載琵琶作胡
　　語，分明怨恨曲中論。

漢代在面臨北方強大匈奴的威脅下，只好實施和親、進貢等
下策以求短暫和平。三四句說明王昭君成為和親政策的犧牲
者，沒有自由戀愛的權利，她的犧牲保障國家的幸福。千年
了，這裏似乎仍迴盪著昭君怨恨的琵琶聲。

（五）杜甫〈詠懷古跡〉五首之四

　　蜀主窺吳幸三峽，崩年亦在永安宮。翠華想像空山
　　裏，玉殿虛無野寺中。
　　古廟杉松巢水鶴，歲時伏臘走村翁。武侯祠屋常鄰
　　近，一體君臣祭祀同。

魏蜀吳三國紛擾的局面，如今已不復在。遊至武侯祠時，總
令人想像當年輔佐劉備的諸葛武侯，羽扇綸巾，談笑間，敵
虜一下消滅。

（六）杜甫〈詠懷古跡〉五首之五

　　諸葛大名垂宇宙，宗臣遺像肅清高。三分割據紆籌
　　策，萬古雲霄一羽毛。
　　伯仲之間見伊呂，指揮若定失蕭曹。福移漢祚難恢
　　復，志決身殲軍務勞。（《全唐詩》卷 230，頁 2511）

諸葛亮為匡復漢朝，鞠躬盡瘁，死而後已。他輔佐劉備，
也輔佐後主劉禪，曾寫出師表，表達忠勇為國的決心。杜

甫的詩具有愛國精神，與諸葛亮的愛國情操，恰好連成一氣。

（七）王維〈過香積寺〉

> 不知香積寺，數里入雲峰。古木無人逕，深山何處鐘。
> 泉聲咽危石，日色冷青松。薄暮空潭曲，安禪制毒
> 龍。（《全唐詩》卷126，頁1275）

如果想求內心的平靜，可來佛寺走走。深山裏相當幽靜，所以鐘聲顯得特別嘹亮，但香積寺何在呢？五六句寫尋路過程中的美景怡人，後二句則寫求得佛法之後，可去除消惱。首句香積寺象徵佛法，末句毒龍象徵煩惱，中間過程，耐人尋味。

五、當兵衛國

民國九十五年元旦起，台灣的少男有福了，本來要當一年十個月的兵，現在新制改為一年四個月，縮短了半年的義務役期。是好是壞，也難定論。至少古代將士們那種奮勇殺敵，立功疆場的壯志豪情，如今已不復存在。

王翰、陳陶、王昌齡、李頎等唐代詩人所親身經歷過的從軍生涯中的熱血沸騰也只能回味，詩句所留給後代的是充滿鬥志的快意及上進和戰爭的悲涼。

（一）王翰〈涼州詞〉二首之一

> 葡萄美酒夜光杯，欲飲琵琶馬上催。

> 醉臥沙場君莫笑，古來征戰幾人回。（《全唐詩》
> 卷 156，頁 1605）

戰爭不免有人傷亡，古代戰士出征前，已預知即將戰死沙場的悲慘命運，於是樂觀的與友人說笑，與其戰死沙場，倒不如醉死沙場來得痛快！

（二）陳陶〈隴西行〉四首之二

> 誓掃匈奴不顧身，五千貂錦喪胡塵。
> 可憐無定河邊骨，猶是春閨夢裏人。（《全唐詩》
> 卷 746，頁 8492）

戰士們英勇殺敵，奮不顧身，可是卻死在沙場上，屍骨漂浮河邊，無人聞問。然而，這些戰士的親人仍在家鄉作著香甜好夢，希望凱旋榮歸。讀之令人鼻酸啊！

（三）王昌齡〈出塞〉二首之一

> 秦時明月漢時關，萬里長征人未還。
> 但使龍城飛將在，不教胡馬度陰山。（《全唐詩》
> 卷 143，頁 1444）

打仗要贏，不只靠人多勢眾，其關鍵在於仰賴智慧的將領來指揮作戰，連連戰敗之後，於是戰士有「但使龍城飛將在」的呼喚！

（四）李頎〈古從軍行〉

> 白日登山望烽火，黃昏飲馬傍交河。行人刁斗風沙
> 暗，公主琵琶幽怨多。
> 野雲萬里無城郭，雨雪紛紛連大漠。胡雁哀鳴夜夜
> 飛，胡兒眼淚雙雙落。
> 聞道玉門猶被遮，應將性命逐輕車。年年戰骨埋荒
> 外，空見蒲桃入漢家。（《全唐詩》卷 133，頁 1348）

打仗打到「年年戰骨埋荒外」的恐怖局面，誰還有信心打下
去呢？在國力衰弱的漢初時期，對匈奴採取和親及進貢的政
策，是減少戰爭傷亡的最佳方式。

六、思念幽情

　　「思念是一種很玄的東西，如影隨形，無聲又無息出沒
在心底，轉眼～吞沒我在寂寞裏……」王菲的動人歌聲，不
時迴盪在我的內心深處。一般而言，思念總在分離之後才開
始有的內在情緒。無論古今中外的男男女女，都難逃思念精
靈的糾纏。「才下眉頭，卻上心頭」（李清照・一剪梅）的
愛情精靈糾纏著相隔遙遠的情侶，「但願人長久，千里共嬋
娟」（蘇軾・水調歌頭）的親情精靈糾纏著分散各處的兄弟，
古人把縷縷幽情抒發於詩句當中，正由於真，所以至今仍傳
誦不已。愛國詩人杜甫寫動亂時期家人離散之情，足以泣鬼
神；孟浩然寫思念友人之默契情感，為人所稱道；王維在重
陽節日思念家人，傳達無法天倫團聚的遺憾；李商隱刻骨銘

心的愛情詩句，讀之令人一掬同情之淚。

（一）杜甫〈月夜憶舍弟〉

> 戍鼓斷人行，秋邊一雁聲。露從今夜白，月是故鄉明。
> 有弟皆分散，無家問死生。寄書長不避，況乃未休
> 兵。（《全唐詩》卷 225，頁 2419）

生活在現今自由民主的台灣社會裏，兄弟姊妹間的感情已逐
漸淡薄，缺乏一種生死與共，同舟一命的革命情感。是否生
活的太安逸了呢？在杜甫那個兵馬倥傯的年代，在皇帝開疆
拓土的私慾下，犧牲多少安樂幸福的家庭。「有弟皆分散，
無家問死生」描述戰爭下，多少可愛家庭的破碎。思念本是
一種安全感的享受，可是對杜甫而言，卻成可怕的折磨！

（二）杜甫〈天末懷李白〉

> 涼風起天末，君子意如何。鴻雁幾時到，江湖秋水多。
> 文章憎命達，魑魅喜人過。應共冤魂語，投詩贈汨
> 羅。（《全唐詩》卷 225，頁 2424）

你會在何種情況下，突然想起摯友呢？杜甫因一陣涼風想起
李白。杜甫所抒發的仍與他專業有關。「文章憎命達，魑魅
喜人過」，命運通達的人，文章通常寫不好，鬼怪喜愛陷害
犯錯的人。末句與李白共勉，共寫詩句投稿到汨羅江下給屈
原過目。

（三）孟浩然〈夏日南亭懷辛大〉

> 山光忽西落，池月漸東上。散髮乘夕涼，開軒臥閒敞。
> 荷風送香氣，竹露滴清響。欲取鳴琴彈，恨無知音賞。
> 感此懷故人，中霄勞夢想。（《全唐詩》卷 159，頁
> 1620）

在一個涼爽的夏日黃昏，孟浩然思念起好友辛大，一二句先
寫視覺享受，他欣賞著山光西落，池月東上的美景，五六句
再寫觸覺、嗅覺及聽覺享受，涼風把荷花的香氣送入戶內，
竹子露水滴出清亮的音樂旋律。在這自在的氛圍下，想彈琴
快活一下，可是知音者不在啊？原來孟浩然所想念的辛大，
是要他來住處接受琴音的轟炸。這也沒辦法啦，朋友總是無
辜被利用。

（四）王維〈九月九日憶山東兄弟〉（時年十七）

> 獨在異鄉為異客，每逢佳節倍思親。
> 遙知兄弟登高處，遍插茱萸少一人。（《全唐詩》
> 卷 128，頁 1306）

王維在高二時（17 歲）寫出這首傳唱千古的詩篇，中共領
導人老江（江澤民）曾引用此詩，表達兩岸統一的新願景。
重陽節是個敬老尊賢的偉大節日，九是陽數之極，九月九日
是重九，也就是重陽的意思。此詩反映了登高、插茱萸的習
俗。在這一天，秋高氣爽，適合全家出遊踏青的好時機。

（五）李商隱〈無題〉

> 相見時難別亦難，東風無力百花殘。春蠶到死絲方
> 盡，蠟炬成灰淚始乾。
> 曉鏡但愁雲鬢改，夜吟應覺月光寒。蓬山此去無多
> 路，青鳥殷勤為探看。（《全唐詩》卷 539，頁 6169）

嚐過失戀滋味的人才能深刻體會這首詩。愛不到這個人時，
您會怎樣呢？潑硫酸嗎！恐嚇殺她（他）全家嗎！燒炭自
殺，或是切腹自殘呢？讀詩或寫詩發洩一下就好了嘛。李商
隱深刻地表達對愛情的堅貞及執著，愛妳的真情就像春蠶吐
絲，到死才會用盡，也像蠟燭燃燒自己，一直到蠟油流乾為
止。雖然聽來有些恐怖，但與「海枯石欄」「天荒地老」的
表達方式有異曲同工之妙！三四句所用比喻法，將抽象之情
化為具體形象，是傳誦千古的名句。

七、憂鬱發作

　　憂鬱症已成為二十一世紀的三大死因之一。憂鬱不是
病，病起來要人命。人為何會有憂鬱呢？都是煩惱這怪獸引
起的。有人為卡債的循環利息而煩惱，小學生為補習超時而
煩惱，政治家為政黨鬥爭而煩惱，市井小民為社會亂象而煩
惱，現代人似乎都活在煩惱之中，若要解決煩惱的問題，就
要對症下藥。煩惱如果一定要存在的話，那麼我們就得欣然
地接受他。

　　現代人有煩惱，古代人也有啊！杜甫為國家政局而煩惱，登高不為跳樓，而是抒發情緒；元稹為柴米油鹽的經濟所苦，寫下「貧賤夫妻百世哀」的名句；初唐四傑的駱賓王被小人陷害入獄，發出「誰為表予心」的吶喊！若從風水學的角度看，或許杜甫家的廁所馬桶朝向馬路；而元稹家的大門進入後可直看後門，所謂「陽宅第一凶，最忌穿堂風」，犯了漏財的煞氣；駱賓王家的主椅背對窗口或門口，小人可從背後偷襲。

　　我們還是來看看，古人是如何解決煩惱，或是坐視不管？古詩也許會給我們一些啟示呢！

（一）杜甫〈登高〉

> 風急天高猿嘯哀，渚清沙白鳥飛迴。
> 無邊落木蕭蕭下，不盡長江滾滾來。
> 萬里悲秋常作客，百年多病獨登臺。
> 艱難苦恨繁霜鬢，潦倒新停濁酒杯。（《全唐詩》
> 卷 227，頁 2468）

杜甫曾說過「老去漸於詩律細」，說明他寫詩相當注重格律。此詩八句全部對仗，格律謹嚴，像四幅對聯放在一起。重點不在這兒，而在他的內心憂鬱。你看他所用的「急」、「哀」、「白」、「落木」、「蕭蕭」、「悲秋」、「多病」、「艱難」、「苦恨」、「潦倒」等字眼，透露出悲觀絕望的負面情緒，「常作客」的漂泊不安，「百年多病」的先天宿命，生命保壘的根基似乎快被掏空，如何抒解呢？他建議我們

「獨登臺」，登高望遠，心胸自然開闊。至少稀釋一下悲傷的濃度，有助身心靈取得些許平衡。

（二）元稹〈遣悲懷〉三首之一

> 謝公最小偏憐女，嫁與黔婁百事乖。顧我無衣搜畫篋，泥他沽酒拔金釵。
> 野蔬充膳甘長藿，落葉添薪仰古槐。今日俸錢過十萬，與君營奠復營齋。

愛情和麵包，到底何者為重？這個答案，因人因時而異。影響因素在於家庭環境、人生際遇、人生階段、個人需求。環境富裕的家庭，或許不重麵包；學生時期戀愛，或許只重愛情、麵包師傅追求專業，只做麵包；愛情專家為求餬口，只說愛情。一般說來，家庭生活的幸福有賴於經濟基礎的穩固。從新聞報導中，「一家五口燒炭自殺」；「情侶借錢度日」；皆可證明。

　　元稹〈遣悲懷〉這三首詩反映夫妻的經濟困難。「顧我無衣搜畫篋，泥他沽酒拔金釵」二句生動展示當年元稹夫妻面臨了缺衣缺食，米缸見底，著急搜括家中櫥櫃、床頭下的私房錢，還拔去妻子金釵要典當買酒的經典畫面。這樣可憐的畫面，透過元稹的回憶清晰地浮現出來，如今妻子已香消玉殞，就算「俸錢過十萬」，祭禮辦得很豐盛，又有何用呢？

（三）元稹〈遣悲懷〉三首之二

> 昔日戲言身後意，今朝皆到眼前來。衣裳已施行看

盡，針線猶存未忍開。

尚想舊情憐婢僕，也曾因夢送錢財。誠知此恨人人有，貧賤夫妻百事哀。

引用率極高的一句名言「貧賤夫妻百事哀」，原來出自唐代著名詩人「元稹」。如果不是窮到快被鬼抓去，是不會脫口而發出「貧賤夫妻百事哀」的哀嘆！現實世界無法滿足經濟的欲望，所以有了「因夢送錢財」的幻想。

（四）元稹〈遣悲懷〉三首之三

閒坐悲君亦自悲，百年都是幾多時。鄧攸無子尋知命，潘岳悼亡猶費詞。

同穴窅冥何所望，他生緣會更難期。唯將終夜長開眼，報答平生未展眉。（《全唐詩》卷404，頁4510）

當妳老公問妳：「到老，妳希望誰先走？」妳怎麼回答？當然是他先走啊，這樣就可以領保險金啦！此詩中描述共同患難了大半輩子，結果妻子卻比元稹先走。累積長久的生命情感，如今天人永隔，說什麼同葬一穴，或來生相聚，都是不切實際的想法，「唯將終夜長開眼，報答平生未展眉」，只有為妳守夜，不再闔眼，來報答妳生前為這個家眉頭深鎖，無怨無悔的付出。雖然兩人曾為經濟而憂鬱過，但元稹對妻子的深真至性，至少是一種健康的安慰，值得學習！

（五）駱賓王〈在獄詠蟬〉并序

西陸蟬聲唱，南冠客思侵。那堪玄鬢影，來對白頭吟。

> 露重飛難進，風多響易沈。無人信高潔，誰為表予
> 心。（《全唐詩》卷 78，頁 848）

在學校被同學取笑，在公司被同事陷害，在生活上被朋友倒
會，這些遭遇都可統稱為「犯小人」。姓名學上，如果人格
與外格相剋，是可能發生人際間的溝通障礙，以致產生猜
疑、誤解等情事。初唐四傑的駱賓王經歷官場的險惡之後，
同事間容易互相陷害，所以他寫出「無人信高潔，誰為表予
心」的詩句，表達內心的高潔清白，如果不發洩在詩歌，取
得一些平衡，恐怕會加重憂鬱症的病情。

八、相聚談心

人不能離群索居，孤僻度日。俗諺說：「在家靠父母，
出外靠朋友。」一生中，除了父母外，朋友是很需要的，無
論是事業上的伙伴，或是一同談心的同學，都在生命中扮演
重要的角色。

人的一生都有每個階段的朋友，朋友相聚時，談的是什
麼話題呢？男生談的是事業、股票、政治；女生談的是八卦、
服飾、化妝品，若能利用一些有意義的聚會來聯絡感情，將
會使生命更加有深度，所謂有意義的聚會是指生日趴踢、同
學會、畢業典禮、當兵退伍、慶功宴……等等。聯絡感情只
需短短數語，不必長篇大論，兩句詩就能滿載深深的情意
了。像韋應物「歡笑情如舊，蕭疏鬢已斑」抒寫多年後相聚
時卻白髮蒼蒼的感慨，「俯飲一杯酒，仰聆金玉章」表達飲
酒聽歌的歡樂場面。寥寥十字寫在小小卡片上，定能傳遞彼

此間意在言外的真情。以下來賞析韋應物的名作吧：

（一）韋應物〈淮上喜會梁川故人〉

> 江漢曾為客，相逢每醉還。浮雲一別後，流水十年間。
> 歡笑情如舊，蕭疏鬢已斑。何因北歸去，淮上對秋
> 山。（《全唐詩》卷186，頁1898）

搭火車的路途上，你是否巧遇國小同學或認識的朋友？如果
你們還在持續舉辦同學會的話，十年前的他是否和現在不一
樣了呢？是身材橫向發展呢？或是談吐內涵上都比以前更
散發出迷人的魅力呢？中唐詩人韋應物在淮上與好友重
逢，十年不見了，樂觀開朗的態度不變，可是頭髮造型卻變
了，頭頂已成地中海，兩邊白了一片。多年不見，再相聚時，
就會有這樣正常的感慨！

（二）韋應物〈長安遇馮著〉

> 客從東方來，衣上灞陵雨。問客何為來，采山因買斧。
> 冥冥花正開，颺颺燕新乳。昨別今已春，鬢絲生幾
> 縷。（《全唐詩》卷190，頁1955）

求學階段是學生最自由快樂的時光，等到畢業後，大家各奔
前程，各組家庭，想要回到那一段青澀無憂的時期，已是天
方夜譚。即使偶爾相遇，也只是寒暄幾句。韋應物在長安巧
遇馮著，寒暄問侯：「你來這做什麼呢？」馮著答曰：「採
山藥和買斧頭啊！」隨即又要各忙各的。多年不見，感慨的
還是頭髮白了多少？為了掩飾歲月痕跡，我們可以借助現代

科技，例如：染髮、戴假髮、注射玻尿酸、肉毒桿菌除皺。

（三）韋應物〈郡齋雨中與諸文士燕集〉

> 兵衛森畫戟，宴寢凝清香。海上風雨至，逍遙池閣涼。
> 煩痾近消散，嘉賓復滿堂。自慚居處崇，未睹斯民康。
> 理會是非遣，性達形跡忘。鮮肥屬時禁，蔬果幸見嘗。
> 俯飲一杯酒，仰聆金玉章。神歡體自輕，意欲凌風翔。
> 吳中盛文史，群彥今汪洋。方知大藩地，豈曰財賦
> 疆。（《全唐詩》卷 186，頁 1901）

這首詩是寫在雨中的氣氛下，一群同業的好友歡聚的情景。
你能想像怎樣的情景嗎？前四句先從場地及氣候下手。聚會
場地門禁森嚴，安全無虞。空氣中瀰漫清香，雖然刮起風雨
來，但內心仍感到逍遙舒暢。在這樣一種舒服的環境下相
聚，與會人士當然「煩痾近消散，嘉賓復滿堂」，煩惱拋到
九霄雲外，賓客座無虛席。宴桌上「鮮肥屬時禁，蔬果幸見
嘗」都是平常難見的山珍海味。文士聚會難免要飲酒賦詩，
展現才華。聊的話題，大都與詩詞有關。

九、孤獨反省

曾子曾告訴我們反省的三大內容：「為人謀而不忠乎，
與朋友交而不信乎，傳不習乎。」《論語・學而》答應別人
的事有沒有做到？對待朋友有沒有守信用？對老師所傳授
的知識有沒有復習？這些反思對於立身處世之道提供了可
行的目標。而這些簡單的目標在白天與人交往時，是很難想

到的，因為你要面對的是別人，可能是同事，可能是同學，可能是朋友，你的精力和時間要用在與他們溝通互動，因此唯有在人孤獨時，才有可能面對自己，也才有反省的機會。

親愛的朋友們，您孤獨時想些什麼呢？負笈他鄉的學子想著家人；異地從商的丈夫想著妻兒；保家衛國的戰士想著親密愛人；三餐不繼者想著搶錢；內心邪惡者想著害人，林林總總，不勝枚舉。而陳子昂、王維、孟浩然、柳宗元等唐代詩人，他們孤獨時，想些什麼？做些什麼呢？

（一）陳子昂〈登幽州臺歌〉

> 前不見古人，後不見來者。
>
> 念天地之悠悠，獨愴然而涕下。（《全唐詩》卷 83，
> 頁 902）

常用大腦思考的人，由於血液活絡了大腦神經細胞，所以想像世界會無限的寬廣。否則就像井底之蛙，陶醉在封閉狹小的象牙塔裏。初唐時期陳子昂便以廣大宇宙為思考點，乘著想像的翅膀神遊於天地之間。他像一位攝影師，正在追尋自我的定位。前兩句從時間著眼，歷史是條沒有邊界的長河，不分古今，人的意義到底在那裏？再從空間著眼，天地悠悠，人也沒安定的駐足之地，於是悲傷地流下淚來。您是否也在找人生定位呢？其實找到自信就是找到定位了，自信的其中一項指標則是專業能力。

（二）王維〈竹里館〉

> 獨坐幽篁裏，彈琴復長嘯。
>
> 深林人不知，明月來相照。（《全唐詩》卷128，頁1301）

世上有誰最瞭解您呢？麻吉的好友嗎？同床共枕的情人？還是爸爸媽媽？或許連你自己都不瞭解你呢！王維正在思考這個問題。他孤獨地坐在深林的別墅中，邊彈著琴，邊大聲叫著，感歎心事無人知，還好明月相伴，可以說給祂聽。

（三）孟浩然〈宿建德江〉

> 移舟泊煙渚，日暮客愁新。
>
> 野曠天低樹，江清月近人。（《全唐詩》卷160，頁1668）

一個人出外旅行的經驗好不好呢？孟浩然坐船去旅行，到了夜幕低垂時，他把船停在濛濛的岸邊，可是此時因孤獨而發愁，今晚將孤枕難眠，倒不如欣賞江邊的夜色吧！

（四）柳宗元〈江雪〉

> 千山鳥飛絕，萬逕人蹤滅。
>
> 孤舟蓑笠翁，獨釣寒江雪。（《全唐詩》卷352，頁3948）

孤獨的感覺到底如何產生的？一群好友相聚，有時也會有孤獨的感覺。應該這樣說比較好，獨立性格的人不容易產生孤

獨，依賴性格者則不時感到寂寞。譬如說，假使你培養了獨立解決問題的能力，而不依賴他人，心裏上就不會需要他人，因此就不會有孤獨的感覺。中唐柳宗元是古文復興運動的領袖人物，他寫此詩表達一種獨立作業的自信。您覺得詩中的老人孤獨嗎？不是的。他在冰天雪地的江上釣魚，不是為了養家餬口，而是從興趣中培養了自信。

十、賞月情話

　　為何月亮會給人那麼多的聯想呢？就人的心理來說，人是喜歡向上看，因為身處的地球環境太小了，像大山中的一粒沙，讓人眼界變狹隘，所以要往天上看，這樣心胸才會開闊。當我們抬頭看時，天體也只有太陽和月亮，太陽不能直視，否則傷眼，因此看月亮最能保護眼睛安全，而且想看多久就可看多久。

　　古人看月亮時，開始胡思亂想，創造一堆神話，提供後人很多聊天的話題。最常聽的莫過於「嫦娥奔月」、「吳剛伐桂」、「玉兔搗藥」等神話故事。後來這個流傳千年的浪漫神話卻在 1969 年的 7 月 20 日，阿姆斯壯登陸月球揭開了她的神秘面紗。不過，這些中國的文化遺產並未因此而消失，因為中秋節是年年固定的節日，依然是家人團聚時的必談話題。

　　歐陽修曾寫過「月上柳梢頭，人約黃昏後」的浪漫詩句，說明人在白天時好好工作，在夜晚休閒時，則好好約會。月亮引人暇想，那麼唐代詩人賞月時，又是想些什麼呢？

（一）杜甫〈月夜〉

> 今夜鄜州月，閨中只獨看。遙憐小兒女，未解憶長安。
> 香霧雲鬟溼，清輝玉臂寒。何時倚虛幌，雙照淚痕
> 乾。（《全唐詩》卷 224，頁 2403）

在動盪不安的杜甫時代，戰亂頻仍，賞月似乎不是件浪漫的
事。杜甫懷著忐忑不安的情緒賞月，設想家人也同樣的心情
在賞月。他想著妻子兒女，內心感慨著「何時倚虛幌，雙照
淚痕乾」，何時戰爭才會停止，家人才能團聚啊？

（二）李白〈夜泊牛渚懷古〉

> 牛渚西江夜，青天無片雲。登舟望秋月，空憶謝將軍。
> 余亦能高詠，斯人不可聞。明朝挂帆席，楓葉落紛
> 紛。（《全唐詩》卷 181，頁 1850）

賞月時，想著誰，比較浪漫？有人想西洋歌手，或電影明星，
也有想政治人物或偶像劇的主角，但會有人想國文作業嗎？
李白賞月時，想著古人謝將軍，大概是要效法戰場名將的謝
將軍。

（三）李白〈關山月〉

> 明月出天山，蒼茫雲海間。長風幾萬里，吹度玉門關。
> 漢下白登道，胡窺青海灣。由來征戰地，不見有人還。
> 戍客望邊色，思歸多苦顏。高樓當此夜，歎息未應
> 閒。（《全唐詩》卷 163，頁 1689）

當兵期間最在乎的事應該就是放假回家。一個月大概可放六天假，從週四莒光日 1700 放到隔週三的 2200。假期視兵力狀況及個人榮譽假的多寡而作調整。這是在現今太平盛世下才有的福利。可是在古代，「由來征戰地，不見有人還」，幾乎都是有去無回。戍守在偏遠地區的戰士們，也只能無奈地看著明月，想著家人了。

（四）李白〈子夜四時歌〉秋歌

> 長安一片月，萬戶擣衣聲。
> 秋風吹不盡，總是玉關情。
> 何日平胡虜，良人罷遠征。（《全唐詩》卷 165，頁
> 1711）

婦女在月光下擣衣是要做什麼呢？是要替遠方的戰士清洗軍衣，好讓他們穿得舒服，安心戍守戰地。期待和平是人人所衷心期盼的。末句「何日平胡虜，良人罷遠征」寫出少婦對戰爭早早結束的期待。

（五）李白〈玉階怨〉

> 玉階生白露，夜久侵羅襪。
> 卻下水精簾，玲瓏望秋月。（《全唐詩》卷 20，頁
> 261）

此詩從女性角度出發，描寫女性思君早歸的心理。古代男子結婚後，為了養家餬口，所以要出外打拼。有的做生意，有的作官，有的參加科舉考試，不一而足。而女子則待在家裏，

刺刺繡，縫縫衣，大部份的時間都用在思念夫君。一二句寫
女子在門邊站了一整夜，門外的露水都弄溼了襪子，明知丈
夫不再回來，仍痴心地望著天上的秋月。

（六）劉方平〈夜月〉

> 更深月色半人家，北斗闌干南斗斜。
> 今夜偏知春氣暖，蟲聲新透綠窗紗。（《全唐詩》
> 卷 251，頁 2840）

這首也是寫女子在迷離的月色下，思念即將早歸的夫君。一
二句以視覺欣賞浪漫的滿天星斗，三句以觸覺享受暖暖春氣
的輕拂，末句以聽覺聆聽蟲聲的音律。感覺越多，感受越深。

（七）白居易〈望月有感〉

> 時難年饑世業空，弟兄羈旅各西東。田園寥落干戈
> 後，骨肉流離道路中。
> 弔影分為千里雁，辭根散作九秋蓬。共看明月應垂
> 淚，一夜鄉心五處同。（《全唐詩》卷 436，頁 4839）

現代有手機設備，縮短人與人之間的溝通距離。每當節日來
臨，情人無法相聚，可用手機傳達彼此衷情。台北的妳，高
雄的他，同看一輪明月，用網內互打的手機，講他個沒完沒
了，多浪漫啊！可是白居易的時代是沒有手機的，身處戰亂
的中唐時期，兄弟分散各地，他設想著「共看明月應垂淚，
一夜鄉心五處同」，此時分散五處的家人，應該也在賞月，
我們透過明月，彼此心繫著對方，真溫暖！

十一、登山健身

山給人一種身心安定的感覺。不妨找個秋高氣爽的假日，熱情的投入山的擁抱，他會給你一些回饋的。登山時，森林會釋放一種芬多精，一種揮發性氣體，它能殺死空氣中的細菌、黴菌、病毒等，且可防止寄生蟲與雜草的侵害。人體吸入後，除了增加氧氣容量，頭腦會變得清晰外，精神也跟著抖擻起來。

回教教主穆罕默德說：「如果山不來，你便向山走去」似乎暗示著山裏邊有無窮無盡的寶藏，等待世人去開採。有爬山經驗的人一定會同意他所說的名言。當你爬山時，若能用心感受，真的能體悟一些或仕或隱的人生哲理。如「登高必自卑」、「一步一腳印」、「悠然見南山」等等。

那麼古人爬山時又想些什麼呢？杜甫吐出「會當凌絕頂，一覽眾山小」之豪氣；孟浩然詠出「北山白雲裡，隱者自怡悅」之衷曲，字句間可見其真正與山融合為一體。這是值得現代人來學習，以下就來欣賞唐代詩人的登山詩吧！

（一）杜甫〈望嶽〉

> 岱宗夫如何，齊魯青未了。造化鍾神秀，陰陽割昏曉。盪胸生曾雲，決眥入歸鳥。會當凌絕頂，一覽眾山小。（《全唐詩》卷216，頁2253）

杜甫登上泰山，所看到的景象一定很特別吧！中間四句就是描寫那樣的景象。神秀仙氣聚集在此，陽光的明暗把泰山分割成白天和黑夜，層次分明的白雲就在胸前浮動，歸鳥要睜

大眼睛才看得清楚。泰山好大好大，我一定登上高峰，享受
群山都在我腳下的感覺。「會當凌絕頂」的壯志，令人欽佩！

（二）孟浩然〈秋登蘭山寄張五〉

> 北山白雲裏，隱者自怡悅。相望試登高，心飛逐鳥滅。
> 愁因薄暮起，興是清秋發。時見村歸人，沙行渡頭歇。
> 天邊樹若薺，江畔舟如月。何當載酒來，共醉重陽
> 節。（《全唐詩》卷 159，頁 1618）

孟浩然因應重陽節的習俗，趁著秋高氣爽，登上蘭山，快活
去了。路上可見，白雲飄浮，小鳥飛鳴，薄霧，老樹，舟月，
山客等景物，美不勝收。「天邊樹若薺，江畔舟如月」二句
用比喻法，使「舟」和「樹」兩種意象，靈活生動。最後兩
句說明他登山的愉悅及融入大自然。「何當」一詞，在古代
大約有：何日、何妨、安得、何況、合當等五種涵義[3]。在這
裏，解釋為「何日」較好，表達一種期待再一次的樂觀心理。

（三）王維〈山居秋暝〉

> 空山新雨後，天氣晚來秋。明月松間照，清泉石上流。
> 竹喧歸浣女，蓮動下漁舟。隨意春芳歇，王孫自可
> 留。（《全唐詩》卷 126，頁 1276）

3　　詳參張相《詩詞曲語辭匯釋》（台北：洪葉出版社，1993 年），頁 390
　　－394

要感受山的真情，就必須住上一夜才行。如果你住過拉拉山、合歡山、太平山或阿里山的民宿，應該能想像「明月松間照，清泉石上流」的自然美景。王維熱愛山，才能寫出這樣的名句。當過宰相的他，曾在輞川隱居，與山水為伍。正因為體悟出山水之美，所以說出「隨意春芳歇，王孫自可留」，希望留住好友，一同來欣賞。

（四）王維〈終南山〉

> 太乙近天都，連山接海隅。白雲迴望合，青靄入看無。分野中峰變，陰晴眾壑殊。欲投人處宿，隔水問樵夫。（《全唐詩》卷 126，頁 1277）

有時「以退為進」是成功的不二法門。據說唐代的盧藏用，因考進士失利，於是隱居在終南山，之後居然應詔作官。唐代有表面上隱居，實際上是想謀求功名的風氣，這就是所謂的「終南捷徑」。可惜，王維沒用到這個典故。此詩前六句描寫終南山沿途的特殊美景，它高聳入雲，綿廷到海，白雲青靄，變幻無端，身居其中，不分晝夜。整天賞景還不夠，想再住上一夜，好好享受，所以問問樵夫，民宿在哪？

（五）孟浩然〈與諸子登峴山〉

> 人事有代謝，往來成古今。江山留勝跡，我輩復登臨。水落魚梁淺，天寒夢澤深。羊公碑字在，讀罷淚沾襟。（《全唐詩》卷 160，頁 1644）

一個人登山，與一群朋友登山，味道不同。一個人看到羊公碑時，讀一讀瞭解一下就夠了，可是一群人讀羊公碑時，孟浩然為了讓大家知道他至情真性，所以感動落下淚來。羊公，指羊祜，他是晉代鎮守襄陽，深受人民愛戴的軍官，死後人們為他在峴山上立碑紀念。「人事有代謝，往來成古今」蘊含一種人事悲喜，自然循環的深層哲理。

十二、作夢遐想

在西方，「夢是慾望的滿足」是一句很有震撼力的名言。因為在現實中無法滿足的慾望皆可在夢中完成，使痛苦獲得些許抒解。德國心理學家弗洛伊德認為慾望平時潛藏在潛意識中，它稱作「力必多」，當人進入睡眠狀態時，慾望就出現作怪，這些慾望通常以性為主要內容，所以不適合在東方解釋。

在東方，孔子曾說他不再夢見周公，表達對禮壞樂崩時代的憂鬱；莊子也曾夢見他變成蝴蝶，體悟物化的道理；又如「黃粱一夢」「南柯一夢」等成語，均說明富貴功名如夢幻泡影般虛幻。

詩歌也談及夢，而這些夢又是傳達什麼意義呢？肯定的是，夢的內容絕非與性愛有關，不能用弗洛伊德式方法來解讀唐詩。

（一）杜甫〈夢李白〉二首之一

死別已吞聲，生別常惻惻。江南瘴癘地，逐客無消息。

> 故人入我夢，明我長相憶。恐非平生魂，路遠不可測。
> 魂來楓葉青，魂返關塞黑。君今在羅網，何以有羽翼。
> 落月滿屋梁，猶疑照顏色。水深波浪闊，無使蛟龍得。

朋友踏入過你的夢鄉嗎？你是夢見十年後的她，還是五年前的他呢？朝夕相處的朋友，由於大腦頻率常常接觸，無論好壞，都有可能在夢中顯影。「故人入我夢，明我長相憶」說明杜甫和李白二人感情深厚，所以杜甫常常夢見李白。他關心李白的生命安危，現在被放逐到「江南瘴癘地」，實令人擔心。希望李白有羽翼，飛出水深火熱之地。

（二）杜甫〈夢李白〉之二

> 浮雲終日行，遊子久不至。三夜頻夢君，情親見君意。
> 告歸常局促，苦道來不易。江湖多風波，舟楫恐失墜。
> 出門搔白首，若負平生志。冠蓋滿京華，斯人獨憔悴。
> 孰云網恢恢，將老身反累。千秋萬歲名，寂寞身後
> 事。（《全唐詩》卷218，頁2289）

夢境的產生，大概是生活所見種種事物的隨機組合，有些人多夢，有些人少夢。有些夢有警示，有些夢可不予理會。如果連續三次都作同樣的夢，那麼它可能有警示作用。杜甫「三夜頻夢君」連續三夜夢見李白，或許夢境有所暗示。詩中未描述夢境，可能杜甫忘了。如果常記夢境，可能腦神經衰弱。「江湖多風波，舟楫恐失墜」表達對李白生命安全的牽掛。這兩首詩展現了杜甫對李白真情的關心。

（三）張九齡〈望月懷遠〉

> 海上生明月，天涯共此時。情人怨遙夜，竟夕起相思。
> 滅燭憐光滿，披衣覺露滋。不堪盈手贈，還寢夢佳
> 期。（《全唐詩》卷48，頁591）

夢見好友，妳有過！夢見情人，也一定有過。前兩句是很美
的詩句。明月倒映在海上，分隔兩地的你我，就在此時共同
賞月。此刻我孤枕難眠，因為想你想到睡不著。五六句寫吹
滅燭光使光害變小，露水滋長，氣候變冷，我再披上衣物保
暖。我想，人是看不到了。我還是回床上就寢，在夢中與你
相遇。在夢中，情人的點點滴滴，喜怒哀樂，都會出現。

（四）唐玄宗〈經魯祭孔子而歎之〉

> 夫子何為者，栖栖一代中。地猶鄹氏邑，宅即魯王宮。
> 歎鳳嗟身否，傷麟怨道窮。今看兩楹奠，當與夢時
> 同。（《全唐詩》卷3，頁30）

古人沒有照片，你如何肯定，你夢中的那個穿青衣長髮的女
子就是朝雲（蘇東坡的情人）？即使現存的古人圖象，也只
是揣磨出來的。唐玄宗也夢過孔子，夢中的那個人真的是孔
子嗎？他在魯地（今山東省）祭拜孔子時，寫下「今看兩
楹奠，當與夢時同」，表達對孔子恢復禮樂教化的一種崇
高敬意。

（五）金昌緒〈春怨〉

> 打起黃鶯兒，莫教枝上啼。
> 啼時驚妾夢，不得到遼西。（《全唐詩》卷 768，頁 8724）

作香辣刺激的春夢，是不想被人吵醒的。否則會遷怒那個破壞者。本來詩中女子正在作著與丈夫牽手走沙灘的浪漫春夢，就在要 kiss 的時候，黃鶯拼命地在枝上亂啼，驚醒她的美夢。怪不得，她要「打起黃鶯兒」。從詩中可以猜想，她的情人可能是職業軍人，或是正在當兵。

十三、送別情愫

　　佛家常以緣份來解釋人的分合，有緣則聚，無緣則散。在此世中，親情是無法自主，而友情、愛情則是可隨心所欲。家境困頓而被同學取笑是一時的，畢業之後，可永遠不聯絡；情人存心不良、不合己意，也可斬斷情絲，不再強求。然而，從光明面來思考的話，無論同學、同事、或情人的緣份都應好好珍惜，因為佛諺告訴我們：「十年修得同船渡，百年修得共枕眠。」

　　正因為緣份彼此間很深，所以在分別時才會更加地難過。唐代長安有座霸橋，橋邊種植柳樹，柳絮迎風飛舞，彷彿像人在招手送別。橋上設有驛站，供親人及友人在此折柳歡送行人。「柳」與「留」諧音，故許多文人雅士會將『折柳』寫入詩中以表達依依不捨之情，希望你『留下』，但緣

份又逼迫要暫時離開。王維〈渭城曲〉:「渭城朝雨浥輕塵,客舍青青柳色新。勸君更盡一杯酒,西出陽關無故人。」描寫折柳送別好友從軍報國。又王昌齡:「閨中少婦不知愁,春日凝妝上翠樓。忽見陌頭楊柳色,悔教夫婿覓封侯。」敘述一位女子後悔當初折柳送行的夫婿去當官,因為自己獨守空閨,化了妝,卻無人欣賞。

現代人送行已不折柳了,但以卡片表達情意者,應大有人在吧,把唐詩摘錄兩句或四句,寫入卡片,淺淺兩語,深深真意,送給心愛的她、崇拜的他、寂寞的她、快活的他……,這也是珍惜緣份的方式之一。以下就來欣賞唐代的送別詩吧!

(一)李白〈黃鶴樓送孟浩然之廣陵〉

> 故人西辭黃鶴樓,煙花三月下揚州。
> 孤帆遠影碧山盡,唯見長江天際流。(《全唐詩》
> 卷 174,頁 1785)

電影中,情人在月台上,含情脈脈,欲走還留的一幕,總是令人印象深刻。在此詩所描述的是,李白目送孟浩然乘舟遠遠離去,直到背影消失,他還欣賞長江美景,「唯見長江天際流」,那種友情之深,令人羨慕!孟浩然的背影,順著水流,緩緩遠去,一直到山的盡頭,李白目送的神情,他應該銘記一輩子吧!

（二）王昌齡〈芙蓉樓送辛漸〉二首之一

> 寒雨連天夜入湖，平明送客楚山孤。
> 洛陽親友如相問，一片冰心在玉壺。（《全唐詩》
> 卷 143，頁 1448）

人都會想要到外地去闖一番事業。在功成名就時，如果遇到家鄉來的親友，談起話來，也比較有自信。如果失敗了，會先在地上挖個地洞，躲起來避不見面。這是人的正常行為，這是可以理解。王昌齡事業成功，言談中顯露一種自信的光輝。好友辛漸要回家鄉了，王昌齡自信的說：「洛陽親友如相問，一片冰心在玉壺。」

　　我為官清廉，就像玉壺一樣晶瑩剔透。

（三）劉長卿〈送靈澈上人〉

> 蒼蒼竹林寺，杳杳鐘聲晚。
> 荷笠帶夕陽，青山獨歸遠。（《全唐詩》卷 147，頁
> 1482）

有些人交游廣闊，各行各業都有朋友。與和尚交友應該比較少見吧，像我就沒有。不過，我曾在台南文化中心受洗過，法號是「平群」，但從來沒去聽法過。這首是劉長卿送別靈澈上人的詩篇。前兩句用了「蒼蒼」「杳杳」兩個疊字，除了唸起來聲韻悠揚之外，也從視覺及聽覺效果上，加強竹林寺的景色及鐘聲的迴盪。後兩句寫戴笠的和尚在夕陽相伴下，走向山的那頭。

（四）王維〈送別〉

> 下馬飲君酒，問君何所之。君言不得意，歸臥南山陲。
> 但去莫復問，白雲無盡時。（《全唐詩》卷125，頁
> 1242）

拼命問朋友的近況，算不算關心呢？兒女聽電話，父母會問
來電的是誰，做什麼的……，不同單位服務的朋友會問，年
終獎金發多少？自信或隨性的人會覺得沒什麼，可是自卑或
內向的人就會覺得不舒服。王維懂得人性心理，他知道朋友
此時不得志，將要歸隱終南山去，所以「但去莫復問，白雲
無盡時」，他不想多問，只讓朋友遠遠離去，一直到消失在
白雲的盡頭。

（五）王維〈送別〉

> 山中相送罷，日暮掩柴扉。
> 春草明年綠，王孫歸不歸。（《全唐詩》卷128，頁
> 1303）

家居環境的佈置和擺設可以呈現主人的性格及喜好。如果環
境清幽整潔，會予人賓至如歸的感覺。王維對居家周圍的景
觀相當注重，他邀請友人再來的理由是「春草明年綠」，一
種綠化的生機蓬勃，王孫應該會再來訪，享受這裏的自然。

（六）李白〈渡荊門送別〉

> 渡遠荊門外，來從楚國遊。山隨平野盡，江入大荒流。

月下飛天鏡，雲生結海樓。仍連故鄉水，萬里送行
舟。（《全唐詩》卷 174，頁 1786）

此詩八句中的主角相當神秘，只知道他坐船來楚國遊玩，其
他就不得而知。中間四句寫的景很夢幻，寫山盡、江流、月
下、雲生等四種意象的動態，很美！從末句設想，李白所送
行的人可不可能是他的情人呢？這可就要從史書、筆記小
說、年譜、加上其他的詩作，綜合考察，或許可查出蛛絲馬
跡來。

十四、人生追尋

如果出生是起點，那麼死亡就是終點了。人一出生就慢
慢接近死亡，並不意味著人人的方向都是一致的，如果這樣
的話，那人生又有何意義呢？也就是說，事情的過程會比結
果更加有趣，更加有味。交往的情人離開了，不要怨嘆，因
為你享受了過程；認真準備研究所考試，結果卻不如己意，
不要灰心，至少你吸收了知識；被人放鴿子，回家途中又滴
到鳥屎，不要在意，至少你多認識到他的無禮……。

人生有太多事要去追求，學生追求學業進步，父親追求
事業成功，母親追求家庭圓滿，商人追求生意興隆，政治人
物追求風調雨順，明星追求光鮮亮麗，各行各業，各種角色，
人人皆在追求，但十之八九都可能失敗，試問我們能以成敗
論英雄嗎？力可拔山的項羽，最終自刎於烏江河畔，敗給了
劉邦，但在愛情上，項羽勝了劉邦，因為虞姬會為項羽殉情，
而呂后對劉邦只是利益的苟合罷了！

　　如果我們不在意事情的結果，而多多享受過程的歡愉，人生就多一分喜樂。唐詩可以給我們一些啟示，古人去深山找朋友，找不到了，他們會怎麼想？是怒髮衝冠呢？還是大發雷霆？

（一）丘為〈尋西山隱者不遇〉

> 絕頂一茅茨，直上三十里。扣關無僮僕，窺室唯案几。
> 若非巾柴車，應是釣秋水。差池不相見，黽勉空仰止。
> 草色新雨中，松聲晚窗裏。及茲契幽絕，自足蕩心耳。
> 雖無賓主意，頗得清淨理。興盡方下山，何必待之
> 子。（《全唐詩》卷 129，頁 1318）

現代拜訪遠方朋友，只要一通電話，就能決定是否前往。在古代，在沒有通訊設備下，想找到人就要碰碰運氣。不巧地，丘為前往三十里遠的西山隱者住處拜訪，卻找不到人。他怎麼做呢？「草色新雨中」以下六句，描寫他欣賞雨中翠綠草色的美景，也聆聽松聲齊奏的和諧。這種快樂是自足的快樂，而不是靠他人陪伴的快樂，這樣的一種真快樂，是我們需要去培養的。

（二）賈島〈尋隱者不遇〉

> 松下問童子，言師採藥去。
> 只在此山中，雲深不知處。（《全唐詩》卷 574，頁
> 6693）

小朋友比起大人們所受的污染還少，所以比較沒有心機，也較不會有意欺騙你。不用怕小朋友害你或陷害你。賈島找不到隱者，於是向童子問隱者的去向？童子說：「老師採山藥去了！」這句話不會騙人，因為賈島不是討債公司派來的，他也不會潑油漆。童子繼續回答：「他在這座雲霧繚繞的山裏頭，但不知在那兒？」

　　後來，賈島的表情和動作如何？詩裏沒交待，留給讀者想像空間。

（三）僧皎然〈尋陸鴻漸不遇〉

> 移家雖帶郭，野徑入桑麻。近種籬邊菊，秋來未著花。扣門無犬吠，欲去問西家。報道山中去，歸時每日斜。（《全唐詩》卷815，頁9178）

朋友搬新家的原因很多：或因躲債，或因工作，或因賺錢，或因人生規劃。搬完新家後，總會設宴邀請朋友來參觀，第一道菜通常是一盤大雞，象徵「建立家庭」之義，「起雞」，台語諧音「起家」。陸鴻漸搬了新家後，僧皎然去找他，敲門沒人應，問鄰居，鄰居說陸先生早上去山中工作，黃昏才回來。得到答案之後，皎然是會回去呢？還是等他回來？

（四）劉長卿〈尋南溪常道士〉

> 一路經行處，莓苔見履痕。白雲依靜渚，春草閉閒門。過雨看松色，隨山到水源。溪花與禪意，相對亦忘

言。（《全唐詩》卷 148，頁 1512）

目的達不成時，要換另一角度思考，哀聲嘆氣也沒用啊！假使與朋友到偏遠鄉下去喝喜酒，結果地方卻找不到？換個角度想，至少欣賞了沿途風光。劉長卿的作法也是如此。他去找常道士，可是「春草閉閒門」，找不到，也沒人可問。於是繼續遊玩，一路上，邊下雨，邊欣賞青翠的松色，從山下走到水源處。「溪花與禪意，相對亦忘言」，終於找到生命的源頭，那就是人生的意義。

第二章　詩歌應用

　　對聯是中國文化的基本體現之一，它融注民族精神及書法藝術於一爐。生活中處處可見其蹤跡。旅遊時，如果來到佛寺，你會看見寺門楹柱上刻著「淨境隨緣由斯道，種因得果自在人」；如果來到道觀，你會看見「青鳥傳來玄妙語，松雲深處步虛聲」的聯句；如果逛到百貨公司，你會看見「百貨百樣百看不厭，千客千心千選隨心」的對聯。尤其更密切的，是每年家家戶戶都會貼春聯的習俗。如「天增歲月人增壽，春滿乾坤福滿門」「吉年增福添富貴，新春迎祥賜平安」「東南西北迎百福，春夏秋冬集千祥」等等春聯，為中國人的新年增添幾分喜氣。

　　可是您可曾想過這些對聯的由來與唐詩有關呢？它的寫作方式深受七律詩的影響呢？平仄相對，詞性相對的特性是取自律詩中的中間四句。所以當我們在閱讀詩歌時，時常留意詩中的對句，將可增進人與人之間的溝通交往，提昇生活水平，涵養性靈，充實快樂美滿的人生。以下我將透過春節、政治及日記三方面來探討詩歌如何應用於生活當中。

第一節　應用於春節

一、春節貼對聯的習俗

　　有首宋代應景的新年詩句是這樣流傳著：「爆竹聲中一歲除，春風送暖入屠蘇；千門萬戶瞳瞳日，總把新桃換舊符。」這首詩是王安石所作，末句說明春聯的前身是桃符。何謂『桃符』？就是桃木板。現今所用的紅紙書寫兩行七字的詩句是從明代朱元璋以後才逐漸流行於民間。在此之前，中國祖先在春節時，為了趨吉避凶，祈求來年美好的生活，於是在門戶兩側都會懸掛畫有兩位門神圖象的桃木板或書寫祂們的大名以消除過去一年來的厄運，迎向光明的人生。無論在形式或內容上都大異其趣，古代用桃木板，內容是門神圖案或名字，現代用紅紙，內容大都是七言詩句。無論形式再變，其趨吉避凶的美好願望卻是相通。

　　在民智未開的古代，老祖宗對於未知的事物總是存著恐懼的心理，內在的安定力量不足，認為厄運是鬼魅在作怪。相傳在東海的高山上，有棵神奇的大桃樹，樹旁有個隱形鬼門，萬鬼皆由此出沒。這些鬼怪會吃掉行經此地的人類，還好有兩位守護神會保護人類的安全，祂們叫做『神荼』和『鬱壘』。如果祂們看到鬼怪要害人時，就會以現行犯將其逮捕並抓到深山餵老虎。

　　由於「神荼」和「鬱壘」深受人們信任，所以每到新年家家戶戶都會懸掛畫有祂們相貌的桃木板來避邪。這個情況一直維持到南北朝時代漸漸有所改變。桃符的內容慢慢被兩

句對偶的吉祥詩句代替，出現了稱之為對聯的形式。五代時，後蜀國君孟昶於西元九六四年除夕，創作最早的春聯「新年納餘慶，嘉節號長春」

　　直到明太祖，貼春聯的習俗才普遍流傳民間。當時朱元璋下令全京城的人們都得在門口張貼春聯，而且隔天一大早，皇帝還親自出巡，一家一家觀賞。可是有家養豬戶不知如何寫春聯，朱元璋便為他作「雙手擘開生死路，一刀割斷是非根」的對聯，算是符合實際狀況。

　　春聯貼得好不好，正不正，對不對，都將影響來年一整年的運氣。有些人以為只有兩行句子隨性貼個紅就行了，根本不管左右，就亂貼一通，有時運氣好，貼對了（機率50%），但是貼五年總有一年貼錯的吧，所以具備基本對聯知識是相當重要的，它關係著我們年年的運氣，不可不慎。想要知道怎麼貼之前，先要學會作對聯。

二、淺談對聯

　　凡是平仄詞性及意義相對的兩句字數相等的形式都叫對聯。聯是指兩句，對是指對仗。在春節使用的對聯，叫春聯；在人文建築物兩側的對聯，叫楹聯；哀悼人離開陽間的對聯，叫挽聯；賀人新婚或新居的對聯，叫喜聯。

（一）對聯與詩歌

　　為何唐詩和春聯有關呢？我們舉杜甫〈登樓〉來作說明：

　　　　花近高樓傷客心，萬方多難此登臨。

錦江春色來天地，玉壘浮雲變古今。

北極朝廷終不改，西山寇盜莫相侵。

可憐後主還祠廟，日暮聊為梁甫吟。

一聯兩句，此詩有四聯，中間兩聯為對聯。基本上，對聯的條件有三個：兩句詞性及平仄相對、每句偶數字平仄相間，上句句尾為仄，下句句尾為平。這裏帶出兩個基本觀念：何謂平仄？何謂句尾為仄，句尾為平？第一個問題牽涉到聲韻學的內涵，第二個問題涉及詩學概念。當我們細心釐清好這兩個概念後，自可踏上創作對聯的第一階。

1、對聯與詩歌的平仄

　　每個中國文字音韻都具有聲韻調三個元素。例如：

ㄇㄧㄥˊ
明

　　ㄇ 是聲母；ㄧ ㄥ 是韻母；ˊ是聲調。文學是抒發內心喜怒哀樂各種複雜的情緒，無論詩歌或散文，作者將情緒埋藏於文字中，讀者可以透過朗誦與作者產生共鳴，而朗誦則是藉由聲調的抑揚頓挫四種音質而展現出來，也就是平上去入四聲。本來南朝梁沈約發現平上去入四聲，並將四聲運用到詩歌的創作。經過了漫長的實驗過程後，終於在唐代沈佺期、宋之問完成了格律詩的定型。將四聲簡化為平仄二聲，即把上去入併為仄聲。

　　平仄二個聲調的交替配置，可使一首詩具有生命力及韻味。試想：七字的詩句中，若是全唸國語的第一聲（陰平聲）會成什麼樣子呢？就像機器人唸詩一樣，沒有鬥志，沒有情感，一點也不悅耳，一點也不快樂。

　　剛剛提到文字的音韻可分析成聲母、韻母、聲調三個部份，平仄二聲就是聲調變化的運用，那麼聲母和韻母呢？他們沒用處嗎？乾脆老祖宗在發明文字時，就設置聲調部份就好啦。在文學上，有聽過「雙聲」和「疊韻」兩個專有名詞吧！「雙聲」是指聲母重疊，如「輾轉」「彷彿」「參差」「踟躕」等詞；「疊韻」則指韻母重疊，如「徬徨」「窈窕」「慌張」等詞。在人類心理感受中，聲音規律性的重複，可加深情感的抒發及交流。無論古今中外，流行歌曲中的副歌旋律（詞句不斷重複），總是令人印象深刻且感人至深，演唱者往往在此刻，熱血沸騰，表情扭曲變形，眼睛緊閉，一手緊握麥克風，一手則縱情揮舞。

　　同理，詞語中的音韻重疊也有同樣的效果。我們從《詩經》上的句子就能體會雙聲疊韻的妙用。如〈關雎〉中，「窈窕淑女，君子好逑」的「窈窕」一詞，也可用「美麗」、「嫺淑」、「端莊」等詞替換，雖然意義相近，但朗誦起來，韻味不同。「窈窕」唸來，韻母重複，加深情感的交流，淑女不只是花瓶，而且有情。接下來又有「參差荇菜，左右流之」形容詩人的心情像長短不齊的荇菜，既期待又怕受傷害。「參差」的聲母重複，唸來更加深內心的不安全感。

　　我們再回到聲調部份再作一下補充。天下萬事萬物皆在變化，唯一不變的就是改變。文字的音韻也不例外，古代有

入聲，但現今國語已消失，所幸台語尚有保存。關於平仄的判斷，須懂一些台語或客家話會比較好。基本上，國語的一二聲為平聲，如「天」「輝」；國語的三四聲為仄聲，如「地」「味」。但要注意的是，國語的一二聲也有可能是入聲，如「國」「竹」「節」等字，此時應用台語或客語唸唸看，若為短促有力之音，則為入聲。最專業的方法，還是要查《廣韻》或《詩韻集成》等一些相關韻書。

2、對聯與詩歌的押韻

　　以上從聲韻學的角度說明平仄的內涵，接著從詩學角度分析對聯為何要平仄交替，且左平右仄呢？每年春節，千門萬戶貼著紅紅的春聯，當你面對大門要貼春聯時，哪張貼左，哪張貼右，這可是很大的學問喔！

　　清人孫洙從近五萬首的全唐詩中，透過他的選詩格調，依其興趣，編成《唐詩三百首》一書。它收錄了七十七家的唐詩共三百一十三首。專門編給兒童作為課本用的，所以選的都是膾炙人口、淺白易懂的詩篇。內容包含各種體裁：五古、五樂、七古、七樂、五律、七律、五絕、七絕。

　　中國詩歌從詩經的四言句式發展，經過漢代及南北朝的五言和七言的醞釀成熟，到了唐代可說蔚為大觀。唐詩是詩史上的黃金時代，各種體裁、內容及文學技巧都發揮到極致，於是作詩的規範越來越講究，約在初唐沈佺期、宋之問之時，格律詩完成試驗。所以後人通常將詩歌分為古體詩和近體詩兩大類，簡單說來，近體詩是指唐代有格律的規範的詩，在唐以前，因格律不嚴謹，故統稱為古體詩。以下試作

一圖說明：

$$古詩——四或五或七言（不可唱、抒情、雅）$$

古體詩（不符格律）＜樂府詩－雜言居多（可唱、敘事、俗）

詩＜

絕句——五或七言（四句）

近體詩（符合格律）＜律詩——五或七言（八句）

徘律——五或七言（十句以上）

　　如何判斷古體和近體？只要判斷符不符格律則可。那麼格律又是什麼呢？押韻、平仄、對仗和字數四種。如果要作一首七言格律詩，它的規範是（試以杜甫登樓詩為例）：

　　　　花近高樓傷客心，萬方多難此登臨。

　　　　錦江春色來天地，玉壘浮雲變古今。

　　　　北極朝廷終不改，西山寇盜莫相侵。

　　　　可憐後主還祠廟，日暮聊為梁甫吟。

1、每句七字，每首八句，共計 56 字。

2、偶數句必押韻。如「心」（首句可押、可不押）「臨」「今」「侵」「吟」

3、中間兩聯，每句偶數字平仄交替，且二平二仄不落底。如三句江色天，平仄平；四句壘雲古，仄平仄；五句極廷不，仄平仄；六句山盜相，平仄平。

4、中間兩聯，兩句間詞性相對。如三四句中，錦江對玉壘；春色對浮雲；來天地對變古今；五六句中，北極對西山，朝廷對寇盜，終不改對莫相侵。

　　律詩中間兩聯其實就是兩幅對聯，字數相等，詞性相對，平仄交替，左平右仄。古人書寫習慣是由右而左，所以左側對聯通常是律詩押韻所在，也就是平聲，右側為上句，須仄聲才相對。

　　對聯的句式並不一定是五字或七字，也有八字，九字，甚至更多[4]，如：

1、大塊文章百城富有，名山事業千古永留。

2、收拾河山，創千秋偉業。復興文化，開萬世太平。

3、暢談天下事　日試萬言無宿稿。喚醒世間人　風行四海盡新聞。

4、斗室乾坤大　萬卷詩書如好友。寸心天地寬　一樽談笑伴古人。

5、大魚吃小魚，小魚吃蝦，蝦吃水，水落石出。
　　先生壓師娘，師娘壓床，床壓地，地動山搖。

　　第 5 聯有個笑話，提供給大家笑笑：有一位國文老師教學生寫對聯，他出了個上聯，「大魚吃小魚，小魚吃蝦，蝦吃水，水落石出」他要學生明天把下聯對好，一位學生當晚百思不得其解，於是到外面閒逛尋找靈感，走著走著便走到老師家，突然聽到房內傳來異聲，便好奇的從窗戶偷看，一看之下靈感就來了，於是乎第二天他便交出他的下聯如下：「先生壓師娘，師娘壓床，床壓地，地動山搖」

---

[4]　可參王昌煥等編《實用應用文》（台北：萬卷樓，民 91），頁 331-337。

（二）詩歌中的對聯舉例

1、漾漾汎菱荇，澄澄映葭葦。　　　　　　（王維〈青谿〉）

2、愁因薄暮起，興是清秋發。（孟浩然〈秋登蘭山寄張王〉）

3、山光忽西落，池月漸東上。（孟浩然〈夏日南亭懷辛大〉）

4、樵人歸欲盡，煙鳥棲初定。（孟浩然〈宿業師山房待丁大不至〉）

5、草色新雨中，松聲晚窗裏。（邱為〈尋西山隱者不遇〉）

6、人歸山郭暗，雁下蘆洲白。　　　（韋應物〈夕次盱眙縣〉）

7、四邊伐鼓雪海湧，三軍大呼陰山動。（岑參〈輪台歌奉送封大夫出師西征〉）

8、雲來氣接巫峽長，月出寒通雪山白。（杜甫〈古柏行〉）

9、衛青不敗由天幸，李廣無功緣數奇。（王維〈老將行〉）

10、趙瑟初停鳳凰柱，蜀琴欲奏鴛鴦絃。（李白〈長相思〉）

11、城闕輔三秦，風煙望五津。（王勃〈杜少府之任蜀川〉）

12、露重飛難進，風多響易沈。　　　（駱賓王〈在獄詠蟬〉）

13、少婦今春意，良人昨夜情。　　　　（沈佺期〈雜詩〉）

14、江靜潮初落，林昏瘴不開。（宋之問〈題大庾嶺北驛〉）

15、潮平兩岸闊，風正一帆懸。　　　（王灣〈次北固山下〉）

16、山光悅鳥性，潭影空人心。　　（常建〈破山寺後禪院〉）

17、白髮悲花落，青雲羨鳥飛。　　（岑參〈寄左省杜拾遺〉）

18、浮雲遊子意，落日故人情。　　　　（李白〈送友人〉）

19、星臨萬戶動，月傍九霄多。　　　（杜甫〈春宿左省〉）

20、露從今夜白，月是故鄉明。　　（杜甫〈月夜憶舍弟〉）

21、明月松間照，清泉石上流。　　　（王維〈山居秋暝〉）

22、竹喧歸浣女，蓮動下漁舟。　　　　（王維〈山居秋暝〉）

23、泉聲咽危石，日色冷青松。　　　　（王維〈過香積寺〉）

24、長江一帆遠，落日五湖春。（劉長卿〈餞別王十一南遊〉）

25、竹憐新雨後，山愛夕陽時。（錢起〈谷口書齋寄楊補闕〉）

26、雨中黃葉樹，燈下白頭人。（司空曙〈喜見外弟盧綸見宿〉）

27、高樹曉還密，遠山晴更多。　　　　　（許渾〈早秋〉）

28、吳宮花草埋幽徑，晉代衣冠成古邱。（李白〈登金陵鳳凰台〉）

29、巫峽啼猿數行淚，衡陽歸雁幾封書。（高適〈送李少府貶峽中王少府貶長沙〉）

30、雞鳴紫陌曙光寒，鶯囀皇州春色闌。（岑參〈和賈至舍人早朝大明宮之作〉）

31、盤飧市遠無兼味，樽酒家貧只舊醅。（杜甫〈客至〉）

32、秋草獨尋人去後，寒林空見日斜時。（劉長卿〈長沙過賈誼宅〉）

33、嶺樹重遮千里目，江流曲似九迴腸。（柳宗元〈登柳州城樓寄……〉）

34、雁門山上雁初飛，馬邑欄中馬正肥。（韋應物〈突厥三台〉）

35、浮雲道旁起，行子車下宿。　　　　（王建〈古從軍〉）

36、人寒指欲墮，馬凍蹄亦裂。　　　（長孫佐輔〈隴西行〉）

37、射雁旋充飢，斧冰還止渴。　　　（長孫佐輔〈隴西行〉）

38、功名萬里外，心事一杯中。（高適〈送李侍御赴安西〉）

39、落日心猶壯，秋風病欲蘇。　　　　　（杜甫〈江漢〉）

40、雨落不上天，水覆難再收。　　　　（李白〈妾薄命〉）

三、如何作對聯

（一）閱讀前人作品，培養感覺

有兩個基本方法提供給大家思考：一是上網查資料，一是閱讀書面資料。

我們可先從 www.yahoo.com.tw 或 www.goole.com.tw 兩個入口網站的搜尋引擎欄鍵入「對聯」或「春聯」，電腦畫面會出現許多網頁供您參考，大約花個二小時瀏覽一次，培養一種寫對聯的感覺。再者，您也可查查坊間關於應用文或實用應用文之類的書籍，透過廣泛閱讀，亦可增進寫對聯的自信。

（二）準備辭典，開始造詞

有了感覺之後，再來就是身邊要有一部大辭典，以進行造詞的遊戲。先思考一下要創作每句幾字的對聯，若是七字一句的話，其節拍則以 223（二字二字三字）為原則，若是五字一句的話，則以 23 為原則，造詞時，以每組詞的首字為造詞起點。例如，韋應物的詩句：「雁門山上雁初飛，馬邑欄中馬正肥。」第一句的節拍是 223，雁門－山上－雁初飛。先查「雁門」的「雁」字，看看有哪些詞可用，再查「山上」的「山」。一句一句慢慢來造。

（三）希望自己成為什麼特質，有何期許

如果我的名字是○嘉懌，乍看下似乎不好造句，但只要先掌握期許意義的大方向，應該不這麼難。我期許自己在文學及舞蹈藝術上有所精進。先查嘉字，有何詞句，再查懌字，

有何詞句，或許經過查字典的過程中，突然有靈感出現，因
此造出「嘉言錦句好文采，懌志淑懷妙舞姿」的對聯來。

（四）檢查平仄、對仗、詞性、左平右仄

　　初試啼聲之後，再檢查一下，「嘉言錦句好文采，懌志
淑懷妙舞姿」中，每句的偶數字是否平仄相間（言句文，平
仄平）；詞組結構是否對仗（嘉言對懌志，錦句對淑懷，好
文采對妙舞姿；言為平聲，志為仄聲）；大門左側（下句）
句尾「姿」為平聲，大門右側（上句）句尾「采」為仄聲。

四、學生對聯舉例

　　會作對聯之後，試以名字為句首，作一幅意義非凡且符
合平仄的對聯吧：

1、麗景蟬鳴千夏啼，華聲鶯囀萬春暉
2、美玉無暇拋世俗，慧根超眾悟佛理
3、千頃汪汪無可比，玲瓏聰慧人人疼
4、清明時節雨紛紛，安娜酒吧死沈沈
5、晏然安逸心平靜，德政服人福滿天
6、漢他病菌要人命，良藥苦口救世人
7、雅音美妙身材好，芳心初開等俊郎
8、雲中月滿樓，琦玉映光輝
9、偉大才高人人想，正氣剛直人人愛
10、秀麗端莊德品正，蓮心善美暖如陽
11、月下老人結姻緣，惠質蘭心得人疼

第二節　應用於政治

或許您會疑問說，奇怪，政治和詩歌到底有何關係？前些時候就有政治人物引用詩句來表明自己的主張。例如：

1、一九九九年中共收回澳門主權，江澤民在北京及澳門的慶祝大會上，兩度引用王維「九月九日憶山東兄弟」的詩句「遙知兄弟登高處，遍插茱萸少一人」。有人認為他指的「兄弟」是台胞。

2、用台灣閩南話講話的陳水扁還以普通話朗誦李白的詩來反映台灣人民追求自由、民主與公義的過程：朝辭白帝彩雲間，千里江陵一日還，兩岸猿聲啼不住，輕舟已過萬重山。陳水扁解釋，只要台灣始終堅持站在歷史最正確的一邊，不管在發展的過程中有多少不同的聲音，台灣人民希望能夠當家做主的願望，就好像順流而下的小船一樣，無法阻擋。

3、連戰特別題了唐朝詩人李白的七言絕句「山中問答」來闡述此時的心境。「問余何意棲碧山，笑而不答心自閑。桃花流水杳然去，別有天地非人間」連戰說，這是他交卸職務後，所希望的環境，他要大家看一看，流水花朵人間多麼的美麗，多麼的溫靜。

以上所引的三個例子中[5]，或許已失去當時王維、李白所詠的原義，但從讀者接受的角度而言，中共領導人江澤民、台灣總統陳水扁及國民黨主席連戰，皆是有感而發，賦

---

[5]　我是從網路上的新聞摘錄下來的。

唐詩以明志，一方面讓人民覺得他們深具國學素養，一方面
對唐詩的行銷及傳播作出了貢獻。

　　其實在古代就有這樣的現象了。古代國際間有使者互相
來往，進行吞併、交流、宣揚國威等活動，於是外交辭令的
應用相當重要，當時有「斷章取義」「賦詩言志」的傳統。
《左傳》有這樣的記載：

> 　　魯成公二年，……晉師從齊師，入自丘輿，擊馬陘。
> 齊侯使賓媚人賂以紀甗、玉磬與地。「不可，則聽
> 客之所為。」賓媚人致賂，晉人不可，曰：「必以
> 蕭同叔子為質，而使齊之封內盡東其畝。」對曰：
> 「蕭同叔子非他，寡君之母也。若以匹敵，則亦晉
> 君之母也。」吾子布大命於諸侯，而曰：「殺質其
> 母以為信。其若王命何？且是以不孝令也。詩曰：
> 『孝子不匱，永錫爾類』若以不教令於諸侯，其無
> 乃非德類也乎？先王疆理天下物土之宜，而布其
> 利，故詩曰：『我疆我理，南東其畝』今吾子疆理
> 諸侯，而曰『盡東其畝』而已，唯吾子戎車是利，
> 無顧土宜，其無乃非先王之命也乎？反先王則不
> 義，何以為盟主？其晉實有闕。四王之王也，樹德
> 而濟同欲焉。五伯之霸也，勤而撫之，以役王命。
> 今吾子求合諸侯，以逞無疆之欲。詩曰：『布政優
> 優，百祿是遒。』子實不優，而棄百祿，諸侯何害
> 焉？……晉人許之。[6]」

此段故事說明魯成公二年（公元前 589 年），齊晉二國交戰，

6　　李學勤主編《十三經注疏・春秋左傳正義》，頁 697-700。

齊國戰敗，齊王派賓媚出使晉國，欲賄賂金銀珠寶，以求和解。可是晉國代表不予理會，並要求齊國國母蕭同叔子到晉國當人質，且齊國封地內的農田全部東向。此時，賓媚面臨喪權辱國的挑戰，齊國隨時有被晉國吞併的危險，他該如何展現機智，鼓動三寸不爛之舌，化解危機？

　　他先引《大雅・既醉》「孝子不匱，永賜爾類」，意思是孝子的孝心應是無限的，他將這種孝德永遠分享予其他人。賓媚人借這句詩來暗示晉君不孝。次引《小雅・信南山》「我疆我理，南東其畝」，意思是我劃定疆界、區分地理，或向南或向東，以開闢田間的隴畝。賓媚人借詩句引述先王之意願，暗示晉君要求齊君改變田隴方向是不義的行為。最後引《商頌・長發》「布政優優，百祿是遒」，意思是和緩寬大地推行政務，一切的福祿都會聚集而來。賓媚人借詩句勸勉晉君以寬厚的態度行政，也就是接受齊國的求和。由於他引詩說理，贏得晉國的敬重，結果，晉國果然答應和解，順利解決一場外交上的難題。

　　以上所舉例子說明古代在政治場合中引詩來說明意志的情況是很常見的。所引的詩句只是全首詩中的兩句詩，這就是「斷章取義」，截取其中符合己意的詩句來加強個人的論點及想法，是一種「賦詩言志」的具體表現。《論語・子路》篇有一段話足以說明詩歌與政治的密切關係：

> 誦詩三百，授之以政，不達；使於四方，不能專對；
> 雖多，亦奚以為？[7]

「授之以政」一語即是解釋古人學習《詩經》的動機，「使
於四方」是指將詩經用於人際或國際間的應對進退，所以吟
詩在古代是很基礎的學識條件。孔子教導學生時，也曾強調
學《詩經》的好處：

> 子曰：「小子！何莫學夫詩？詩可以興，可以觀，
> 可以群，可以怨。邇之事父，遠之事君。多識於鳥
> 獸草木之名。」[8]

在詩歌的歷史長河中，若從句式上看，已從先秦的四言
詩，經過漢代五言詩的興起，到唐代五七言句式定型，宋元
明清各代基本上也是五七言句式，到了民國五四運動後，又
興起不押韻、不重格律、長短句式的新詩。在周代，所賦的
詩是指《詩經》，句式是四言，現代所賦的詩，大抵皆為五
七言的唐詩，可能《唐詩三百首》選本盛行的緣故吧。

孔子曾說過「不學詩，無以言」，強調學詩的重要性。
只是古人是如何將詩運用於政治呢？（清）沈德潛《說詩晬
語》說：

> 離騷與美人之思，平子有定情之詠，然詞則託之男
> 女，義實關乎君父友朋。自梁陳篇什，半屬豔情，

---

[7]　《論語子路》
[8]　《論語陽貨》

而唐末香奩，益近褻嫚，失好色不淫之旨矣。此旨
一差，日遠名教。[9]

所謂「詞則託之男女，義實關乎君父友朋」，正是說明古人
通常將政治關係比作愛情關係。例如，中唐詩人張籍〈節婦
吟寄東平李司空師道〉：

君知妾有夫，贈妾雙明珠。感君纏綿意，繫在紅羅
襦。妾家高樓連苑起，良人執戟明光裡。知君用心
如日月，事夫誓擬同生死。還君明珠雙淚垂，恨不
相逢未嫁時。（《全唐詩》卷382，頁4282）

（清）賀裳《載酒園詩話》評〈節婦吟〉一詩云：「通體俱
是比體，系以國士之感，辭以表從一之志，兩無所負。」[10]已
明白指出張籍從政如一的決心。今日台灣親民黨在縣市長選
舉大敗後，出現了棄橘投藍的傾向，若忠誠黨欲以明耿耿之
志，亦可引用「知君用心如日月，事夫誓擬同生死。」二句，
以婉拒他黨之邀約。

現在舉幾首愛情詩作為政治引用參考：
1、妝罷低聲問夫婿，畫眉深淺入時無？（唐）朱慶餘〈近
試上張水部〉
2、不惜歌者苦，但傷知音稀。願為雙鴻鵠，奮翅起高飛。
〈古詩十九首〉

---

[9] （清）沈德潛《說詩晬語》卷下，見王夫之等撰《清詩話》（上海：
上海古籍出版社，1999年6月），頁554。
[10] （清）賀裳著《載酒園詩話》，見《清詩話續編》上冊，頁258。

3、皚如山上雪，皎若雲間月。聞君有兩意，故來相決絕。
　　（漢）佚名〈白頭吟〉

4、莫對月明思往事，損君顏色減君年。（唐）白居易〈贈內〉

5、含情欲說宮中事，鸚鵡前頭不敢言。（唐）朱慶餘〈宮詞〉

6、願君光明如太陽，放妾騎魚撇波去。（唐）李賀〈宮娃歌〉

7、易求無價寶，難得有心郎。（唐）魚玄機〈贈鄰女〉

8、妾心自喜還自驚，門前忽聞凱歌聲。（元）薩都剌〈征
　　婦怨〉

9、今日見君面，仍覺心忡忡。攬鏡妾自照，顏色桃花紅。
　　（清）黃遵憲〈今別離四首之三〉

第三節　應用於日記

　　我寫日記最大原因是要增進寫作能力，以考上研究所。從大三真正發心抒寫，到現在已累積七大本了。就連當兵時的莒光作文薄都拿來寫生活心得。在過年期間，我把這幾本日記重新翻讀一篇，腦中浮現很多留存在潛意識裏的畫面。發覺書中有多處引用詩句或對聯的短文，我把它摘錄下來，說明詩句在日記中的應用情形：

一

今夜特別夜，高處賞皎月

圍坐訴情事，嬋娟已忘返

久未作詩，文氣生澀不少。不過，今年的中秋夜的確很特別。

妹所傳染的三八同學與我及弟聊得很開心，我想，她們對我印象是絕對不錯的。這樣的男人不多了。

二

夜航中，老兵（兵器長）強逼我依照當時的心情吟作一首七言律詩，於是草草應付創作了此首詩。略記於後：

浮月孤照偏舟流，江海茫茫踏雲霾。
苦學船藝技不精，幸賴龐物拔山來。
心懷壯志無人問，涕泗暗落訴青臺。
飲酒解愁愁算愁，陰耗已過天已白。

三

反潛官託我幫他寫一首以他女友之名為內容的情詩，我在短短幾分鐘內完成高難度情詩創作。今錄於後，以資紀念。

杜門美色天下羨，昌麗淑嫻醉魚沈
薇草吐芳招蝶伴，情濃銀海可比深

其實綜觀此詩的形式技巧和意境內容，不難看出兼具視覺美感及聲韻清亮的效果。雖不算極品，亦應屬佳作吧！

四

蘇澳之行，我見到威龍及聖輝這兩位政戰學校一起受訓的同學，我的神情顯得非常興奮。「敘舊無限好，只是近離別」我們有公務在身，在一段閒話家常後，只有各自回到工

作崗位效命。

　　我們互相期許：「他日若有緣，再翦西窗燭」

五

　　「朝發武嶺村，未見伊人來，忍教凌雲志，硬入胸懷開。」早上七時半懷著喜悅的心情醒來，只是為了八時的一個重大約會。當我趕至圖書館時，學姊竟未到，害我準備好了唐宋文學，今天本想好好發揮所讀，結果機會卻泡湯了。

六

　　「春蠶到死絲方盡，蠟炬成灰淚始乾」如果有人對我許這種承諾，海誓山盟，於此生足矣！在現代社會中，如此深情不求代價的神話，恐怕不復存在了。此二句給人非常感動而且震撼，與「問世間情為何物，直教人死生相許」有異曲同工之妙哉！

七

　　「日日尋春不見春，芒鞋踏遍隴頭雲，歸來笑拈梅花嗅，春在枝上已多時。」我們在追求任何目標時，不要捨近求遠，好高騖遠，一定要按部就班來，這樣才能獲得成功。

八

　　每逢佳節，我必作詩句以應景慶賀，今年備受壓力，茲作以下三首以自誤娛人。

其一

中隊新年活動 cool
紅包摸彩樣樣來
今夕不知誰奪魁
應是巧兔笑顏開

其二

新歲賀年春得意
禮輕意重送寒冬
歡聚談笑酒一壺
問暖何妨醉夢中

其三

天未明，人未寐
爆竹嘈雜，劃破夜闌
迎著喜悅，溫存好夢
對著過去，bye bye！
向著未來，醒醒！

九

＜賀千禧＞

聽聽
那花開的聲音
悄然　　　驚

動了萬物甦醒

爆竹響

鳥兒叫

春神似乎已來到

叮咚！叮咚

一句貼心的問候──

千禧牽喜，新年快樂

此次春節活動深具兩項重大意義：其一，千禧年第一個農曆春節；其二，本人在軍旅生涯中最後一次舉辦春節活動。

由是，有感而發，作了此首短詩。

十

下下個禮拜是阿國的大喜日子，前不久他來電告知此喜訊，並託我幫他寫對聯。以前是寫過對聯，但這次是高難度的挑戰。把新郎治國和新娘士芳嵌入對聯中，任誰也都須費盡一番心思吧！首次所作如下：

治國安邦為己任，士能掬芳衛家園

自評：用字生硬，意氣凝滯。二次所作如下：

治國願為雙鴻鵠，士芳比翼共翔翔

橫批：永結同心喜臨門

自評：契近喜事主意，堪為佳作

十一

【國慶夜有感】

國慶炮聲轟然響，火樹銀花四面開

亮眼清輝如小美，滿天閃爍幾株梅

敬邀明月共賞景，獨缺佳人茶一杯

此次國慶煙火是在台中港舉行。從晚上 7 點放到 8 點。我帶了相機去捕捉這難得的歷史鏡頭。鏡頭中有五彩奪目的火樹銀花，也有月亮俯看煙火的情景。夜空中煙火的花樣多變，有奇手亂扒；有怦然花開；有銀蜂四竄；也有騰雲翻滾。

十二

今夜風士官長雲龍要我幫他作一幅以勤儉為句首的對聯。我嘔心瀝血完成對聯如後：

勤因成業藏胸寶

儉以養廉數家珍

作完後，果然無愧於中文人的本職學能。

以上我從日記中，摘錄十二則關於應用詩歌的例子，與各位讀者分享。本來想再修改到盡善盡美，才有信心呈現出來，幾經思索之後，還是未施脂粉，呈現最真的自己才是最好的抉擇。

第三章　中國文字特性

第一節　許慎《說文解字》及王安石《字說》分析

　　您有沒有看過英文字母的書法藝術呢？您有沒有聽過用英文字母算筆劃的姓名學呢？或者您是否可用英日文創作出形式整齊、結構對稱的對聯藝術來嗎？可見中國文字有他獨特的魅力，我們不可不知。

一、許慎《說文解字》造字方法分析[11]

　　中國歷史悠久，文字從六千三百年前產生，約在三千五百年前，出現了第一批非常嚴整、有體系的進步文字，即殷商甲骨文。然後一路從金文、古文、籀文、小篆、隸書、草書、行書及現今通行的楷書，在字形上，已屢經數變[12]，尤其是小篆轉化為隸書的一種演變階段，即所謂的『隸變』。在東漢許慎（約58－147）時代，出現了中國第一部分析字形結構，探究字源的文字學巨著《說文解字》。他花了21年的時間，完成《說文解字》十五卷，收錄正文9353個，

---

[11] 相關知識可參閱本書附錄〈淺談網路語言現象的背後意義〉，《中國語文月刊》540期，頁83-86。

[12] 關於漢字的發展，可參閱林慶勳、竺家寧、孔仲溫：《文字學》第四章〈漢字的發展〉（台北縣：國立空中大學出版）頁71－161。

異體字 1163 個，合計 10516 個字，按 540 個部首排列。他認為造字方法有六種：象形、指事、會意、形聲、轉注、假借。他在《說文解字‧敘》說得很清楚：

> 周禮：八歲入小學，保氏教國子，先以六書。一曰指事。指事者，視而可識，察而見意，「上、下」是也。二曰象形。象形者，畫成其物，隨體詰詘，「日、月」是也。三曰形聲。形聲者，以事為名，取譬相成，「江、河」是也。四曰會意。會意，比類合誼，以見指撝，「武、信」是也。五曰轉注：轉注者，建類一首，同意相授，考老是也。六曰假借：假借者，本無其字，依聲託事，令長是也。[13]

貴族的小孩在八歲時，就要開始學習『六書』。所謂六書是指六種造字的方法，或文字的結構。哪六種方法呢？一曰指事、二曰象形、三曰形聲、四曰會意、五曰轉注、六曰假借。接著許慎再逐一詮釋六書的內涵及具體舉例說明。

（一）指事

「上」和「下」是兩個關於方位的抽象概念，古人用「二」「二」來表達這兩個概念。長劃代表中心線，短劃在中心線之上則代表在某物之上的位置概念。在下則代表在某物之下的概念。以下再舉例說明：

1、牟（牟）：這個字有牛字旁，與牛有關。上面部分是口

---

[13]　向夏：《說文解字敘講疏》（台北：書林，民 82 年），頁 33-134。

呼出的氣體，所以是牛鳴叫的意思。《說文》：「牟，
牛鳴也，從牛，『ㄥ』象其聲氣從口出。[14]」

2、（本）：這個字有木字旁，與木有關。下面部份「一」
表示樹根所在。《說文》：「本，木下曰本，從木，丅
在其下。[15]」

3、（末）：這個字有木字旁，與木有關。上面部份「一」
是指樹梢。《說文》：「末，木上曰末，從木，丄在其
上。[16]」

4、（甘）：這個字有口字旁，從隸變後的楷書判斷，當
然看不出有口字形。裏面部分的「一」代表美味的東西。
《說文》：「甘，美也，從口含一，一，道也。[17]」

5、（刃）：這個字有刀字旁，與刀有關。裏面部份「、」
的符號，代表刀刃的位置。《說文》：「刃，刀堅也，
象刀有刃之形。[18]」

（二）象形

　　「日」「月」二字的造字方法是按照客觀實物的外貌，
以線條描繪出來。古人看到太陽，就把它描繪成「⊖」；《說
文》：「日，實也。太陽之精不虧。從○一，象形。[19]」看
到月亮的外形，就把它畫成「⺼」。《說文》：「月，闕也。

14　《說文解字注》，頁 52。
15　《說文解字注》，頁 251。
16　《說文解字注》，頁 251。
17　《說文解字注》，頁 204。
18　《說文解字注》，頁 185。
19　《說文解字注》，頁 305。

太陰之精，象形。[20]」以下再舉例說明：

1、山（山）：外形看似像山之形。《說文》：「山，宣也，謂能宣散氣，生萬物也，有石而高，象形。[21]」

2、水（水）：外形看似象眾水奔流的樣子。《說文》：「水，準也，北方之行，象眾水並流，中有微陽之氣也。[22]」這段話證明當時已充滿陰陽五行迷信思想，以五行搭配方位，水屬北方。

3、止（止）：象人的腳趾。《說文》：「止，下基也。象草木出有址，故以止為足。[23]」許慎把止解釋跟草木有關，這個說法有問題。因為從甲骨文的字形『止』判斷，應指人的腳趾形的簡化[24]。

4、心（心）：象心臟之形，有左心房和右心房。《說文》：「心，人心，土臟也，在身之中，象形。[25]」心為土臟可能有誤，依陰陽五行配五臟的原理，心應為火臟。

5、身（身）：象孕婦之形。《說文》：「身，躬也，從人省聲。[26]」古文字表正常人身形，字很多，如　　　，皆無大肚子狀[27]。許慎把『身』當作形聲字，似未妥，應為象形。甲骨文字形為『身』，象肚裏有小孩的孕婦。

20　《說文解字注》，頁 316。
21　《說文解字注》，頁 442。
22　《說文解字注》，頁 521。
23　《說文解字注》，頁 68。
24　請參閱王延林：《常用古文字字典》（台北：文史哲出版社，民 82 年），頁 77。
25　《說文解字注》，頁 506。
26　《說文解字注》，頁 392。
27　王延林：《常用古文字字典》，頁 476。

（三）形聲

形聲字的字形主要分兩個部分，一是形符，表示類別；一是聲符，表示讀音。像「江」「河」二字。左偏旁「水」表示類別，右偏旁「工」「可」代表水流時發出「工、工……」或「可、可……」之聲。以下再舉例說明：

1、碧（碧）：右上部份「白」是聲符，代表讀音；其餘二部份「玉」「石」是形符，代表類別或意義。《說文》：「碧，石之青美者，從王石，白聲。[28]」

2、依（依）：左偏旁「人」是形符，右偏旁「衣」是聲符。《說文》：「依，倚也。從人，衣聲。[29]」

3、柚（柚）：左偏旁「木」是形符，表示與樹木有關，「由」則負責此字之發音。《說文》：「柚，條也。似橙而酢，從木由聲。[30]」

4、聞（聞）：「門」是聲符，代表「聞」字讀音與「門」有雙聲、疊韻或音同之關係。「耳」是形符，意義與耳有關。《說文》：「聞，知聲也。從耳，門聲。[31]」

5、鴿（鴿）：「鳥」為其意符，表示一種鳥類。「合」是聲符，代表讀音，類似造法有：鳩、鳩、鵬、雎、雞等字，其中「佳」也是表示一種鳥類。《說文》：「鴿，鳩屬也。從鳥，合聲。[32]」

---

[28] 《說文解字注》，頁 17。
[29] 《說文解字注》，頁 376。
[30] 《說文解字注》，頁 241。
[31] 《說文解字注》，頁 598。
[32] 《說文解字注》，頁 151。

（四）會意

　　會意字的字形主要也是分兩個部分，兩個皆為形符，皆表示意義。像「武」「信」二字。許慎把「武」解釋成停止戰爭是錯誤的。《說文》：「武，楚莊王曰：『夫武，定功戢兵，故止戈為武。』」止不是指停止，而是腳趾，象徵行走之義。據甲骨文作「 」[33]，上部份是武器，下部分是腳趾，象揮戈前進的意思。以下再舉例說明：

1、 （走）：從楷書字形已看不出它的原義，必須從小篆才能判斷出來。上面部份「夭」像人跑得很快，四肢順勢扭擺的樣子。下部份是「止」，代表人的腳趾。《說文》：「走，趨也，從夭止，夭者屈也。凡走之屬皆從走。[34]」

2、 （牧）：左偏旁是「牛」字邊，與牛有關。右偏旁「攵」像人拿鞭子抽打的字形。所以有牧養牛的意思。《說文》：「牧，養牛人也。從攴牛。[35]」「攵」與「攴」同義。「攴」的甲骨文字形是「 」像手持棍子敲擊之形。類似的字有：「鼓」「敲」「攻」「放」（方為邦國）。

3、 （祭）：下部份是「示」是祭祀用的石桌，左上部份是肉，右上部份是手，三個部份合起來就是，人把肉放在祭台上，舉行祭祀儀式。《說文》：「祭，祭祀也，從示，以手持肉。[36]」

---

[33]　王延林：《常用古文字字典》，頁 654。
[34]　《說文解字注》，頁 64。
[35]　《說文解字注》，頁 127。
[36]　《說文解字注》，頁 3。

4、ㄥ（古）：上部份是「十」，代表十個，下部份是「口」，
　　代表嘴巴。一件事傳過十個人的嘴，當然變成舊消息，
　　所以是古的涵義。《說文》：「古，故也，從十口，識
　　前言者也。凡古之屬皆從古。[37]」

5、雧（集）：上部份是「隹」，鳥的意思，下部份是「木」，
　　與木有關。合起來就有鳥在樹上棲息之義，後引申為聚
　　集的意思。《說文》：「雧，群鳥在木上也。從雥木。
　　集，雧或省。[38]」

（五）轉注

　　上四種是造字的基本方法，而轉注是用字的法則。透過
聲音及意義的聯繫，尋找出同一語源的家族同源詞，同源家
族字就稱為轉注字。像「考」「老」二字。

1、喜與欣：《說文》：「喜，樂也，從壴從口。[39]」《說文》：
　　「欣，笑喜也，從欠斤聲。[40]」

2、走與趨：《說文》：「走，趨也，從夭止。」《說文》：
　　「趨，走，從走芻聲。[41]」

3、代與忒：《說文》：「代，更也。從人弋聲。[42]」《說文》：
　　「忒，更也，從心弋聲。[43]」

---

[37]　《說文解字注》，頁 89。
[38]　《說文解字注》，頁 149。
[39]　《說文解字注》，頁 207。
[40]　《說文解字注》，頁 415。
[41]　兩字同參《說文解字注》，頁 64。
[42]　《說文解字注》，頁 379。
[43]　《說文解字注》，頁 513。

　　以上三組字，無論在聲音或意義上皆有關聯，因此都屬同源字，可互相注釋。

（六）假借

　　假借和轉注都是用字的方法。透過聲音相近的關係，借用他字的形體來表示，本字與借字之間只有聲音的關係而無意義的聯繫。如「令」「長」二字。

1、戶（后）：「后」是「後」的假借。假借的條件是因為聲音相近的關系，意義本無關聯。《說文》：「后，繼體君也，象人之形，從口。[44]」又《說文》：「後，遲也。[45]」可見此二字意義本不相同。《禮記・大學》：「知止而后有定，定而后能靜。」其中「后」是「後」的假借。

2、何（何）：「何」的本義是負荷的意思，金文「何」象人負擔之形[46]。之後假借為如何之「何」《說文》：「何，儋也。一曰誰也，從人可聲。[47]」

3、東（東）：象袋子的「東」假借為方位的「東」。甲骨文寫作「東」象上下兩端用繩子綁起來的袋子[48]。《說文》：「東，動也，從木，官溥說，從日在木中。[49]」

4、來（來）：本義為稻麥，假借為來去動詞的來。甲骨文作「來」象麥穗下垂的樣子。《說文》：「來，周所受

---

[44]　《說文解字注》，頁434。
[45]　《說文解字注》，頁77。
[46]　王延林：《常用古文字字典》，頁458。
[47]　《說文解字注》，頁375。
[48]　王延林：《常用古文字字典》，頁348。
[49]　《說文解字注》，頁273。

瑞麥，來麰也。二麥一鋒，象其芒束之形。天所來也，
故為行來之來。[50]」

5、箕（其）：本義為畚箕之義，假借為代名詞之其。甲骨
文作「☒」，像盛土的竹器。《說文》：「箕，所以簸
者也，從竹☒，象形，丌其下也。[51]」

二、王安石《字說》解字方法分析

　　只要我們掌握漢字造字規律（主要是形聲字結構居多，
約近九成），就不會搞混形聲與會意兩種造字原則了。

　　宋代王安石《字說》就鬧了這樣的大笑話。大文豪蘇東
坡與王安石是好朋友，他們經常抬槓。有天，蘇東坡聽說王
安石完成一部訓詁學的著作，書名是《字說》。蘇東坡好奇
地借來看了一下，便對王安石開了個玩笑問說：「以竹鞭馬
為篤，不知以竹鞭犬有何可笑？」接著又舉「坡」字問王安
石：「那我的名字的『坡』，怎麼解釋呢？」王安石不假思
索答道：「呵呵，是土之皮啦」又問：「波霸的『波』，又
如何解釋？」安石拍胸脯保證：「用頭髮想也知道是水之皮
嘛！」蘇東坡便反問說：「那『滑』字不就水之骨囉！」王
安石沈默一下。王安石問蘇東坡說：「『鳩』字從九鳥有證
據嗎？」東坡興奮回答說：「有啊，《詩經》上記載說：『鳲
鳩在桑，其子七兮』，再加上爺和娘，恰是九個。」」安石
聽了很高興，不久才反應過來，原來被東坡給耍了。

---

[50]　《說文解字注》，頁 233。
[51]　《說文解字注》，頁 201。

以下我把故事中所討論的「波」「滑」「篤」「笑」「鳩」等五字查出其正確意義應是如何？

波，水涌流也。從水皮聲。[52]《說文水部》

滑，利也。從水骨聲[53]。《說文水部》

篤，馬行頓遲也。從馬竹聲[54]。《說文馬部》

笑，喜也。從竹從犬。[55]《說文竹部》

鳩，鶻鵃也。從鳥九聲[56]。《說文鳥部》

1、波：「波」據《說文》的解釋是：「水涌流也。」水流的意思，它的字形結構是「從水、皮聲」表示形聲字，其義為「波」屬水之類，而讀音為皮，故波並非會意字，皮無須列入意義的考量，王安石卻把它當作水之皮，實在可笑！

2、滑：《說文》把「滑」解釋成：「利也」；其字形結構為「從水、骨聲」表示形聲字，而非會意字，故『骨』並不負責意義的說明，只代表「滑」的讀音。

　　王安石解作「水之骨」，更貽笑大方，試問水有骨頭嗎？或許他家的水有吧！

3、篤：「篤」在《說文》指的是「馬行頓遲也」是說馬走路很緩慢的樣子。王安石說是用竹子鞭打馬匹，這就把「篤」看成是會義字了，「竹」和「馬」各司其職，皆

---

[52] 《說文解字注》，頁 553－554。
[53] 《說文解字注》，頁 556。
[54] 《說文解字注》，頁 470。
[55] 《說文解字注》，頁 200。
[56] 《說文解字注》，頁 150。

有其義，但事實上，「篤」的上面部件「竹」，只表示其聲而已，說明篤是從「竹」得聲的，可能是近似之音。

4、笑：《說文》將笑的字形結構分析為「從竹從夭」據造字方法乃屬會意字。可是竹夭與笑怎樣聯繫呢？原來「竹得風，其體夭屈，如人之笑」，一陣風吹來，虛竹迎風彎屈，就好像人開懷暢笑一樣，這樣形容笑，真是貼切！而王安石「以竹鞭犬」之說，誤認「犬」為「夭」，實為笑柄！

5、鳩：鳩是一種鳥名，其結構為「從鳥九聲」，屬形聲字，九只代表讀音，非直指數字九。東坡以子之矛攻子之盾，配合王安石《字說》的謬論，故意把鳩從形聲字解作會意字，達到諷刺對方的效果。

　　由以上說明可知，欲瞭解中國漢字的本義必須參考東漢文字學家許慎的《說文解字》。此書解字的體例是先釋字義，再解字形，後注讀音。如以下：「孕」「安」「男」「休」等四字。

　　孕，裹子也。從子乃聲[57]。《說文子部》

　　安，靜也。從女在宀中[58]。《說文宀部》

　　男，丈夫也。從田力。言男子力於田也[59]。《說文田部》

　　休，息止也。從人依木[60]。《說文人部。》

　　許慎解「孕」字時，他先釋為「裹子也」，意思是腹中

---

[57]　《說文解字注》，頁 749。
[58]　《說文解字注》，頁 343。
[59]　《說文解字注》，頁 705。
[60]　《說文解字注》，頁 272。

包裹小孩,接著再解析字形「從子從几」,這是指上面部件是像大腹便便的婦女,而下面部件則指一個胎兒,最後再注其讀音「以證切」。「安」的意思是「靜也」,字形結構是「從女在宀下」表示女子在房子裏面,不出外拋頭露面。屬於會意字。接下來的「男」字亦是會意結構「從田從力」表示古代男子在農田裏出力耕種,以善盡養家活口的責任。以「安」「男」二字可窺見古代農業社會「男主外、女主內」的生活模式,兩人分工合作,各司其職,創造幸福美滿家庭。若以現今科技時代來看,男子未必要在農田裏耕種,女子則未必須在家縫衣刺繡,然各司其職的精神依然存在,兩性平等應建立在互相尊重,和平共處之基礎上,觀念與時俱進,追求新變,始能享受快樂的家庭生活。另外,「休」字是「息止也」,其結構相當形象化,指人依木休息的意思,實在趣味。

第二節　凝固式及圖象式的漢字字形
——與英日文作比較

　　為了突顯中國文字體系的特殊性,即凝固式、圖象式。我們必須把它放在國際語言上作對照,如此方能顯其獨特性,今以日英文為參照語言,試說明其間之異同:

一、凝固式的漢字字形

　　漢字與英日文比較下,可看出它的凝固性。我們要把中

日英三種語言比較之前，必須要對他們有一些基本的認識才
行。上一節已簡單介紹漢字，現在則接著介紹日文和英文。
日文的文字系統是借用漢字及其新造的和製漢字、平假名、
片名所構成，假名主要是五十音字母、母音、子音、濁音、
半濁音、促音、拗音。如：

1、動詞：其結構可分語幹及語尾。像「關掉（電燈、冷
　　氣等）」，在日文的寫法是「消す」，消是語幹，す
　　是語尾，日文動詞的語幹通常都由漢字來擔任，而語
　　尾則由假名來負責。「待つ」（等待）、「取る」（拿，
　　持）、「呼ぶ」（呼叫）、「話す」（講，說）[61]等詞
　　皆如此。

2、形容詞：分為形容詞（ぃ A）及形容動詞（な A）兩種。
　　兩者結構亦是漢字及假名。如「若い」（年輕）、「長
　　い」（長）、「短い」（短）等詞為い形容詞，因其語
　　尾為い[62]。而「有名な」（有名的）、「暇な」（空閒的）、
　　「便利な」（方便的）等詞[63]為な形容詞，當其欲形容後
　　面的名詞時，才會出現な。例如，有名な先生（有名的
　　老師）。

3、名詞：大部份借用漢字。如「熱」（發燒）、「趣味」
　　（愛好，嗜好）、「一度」（一次）等詞。[64]也有很多一

---

[61] 請參スリーエーネットウーク編著《みんなの日本語 初級 2》，第 14
　　課，（台北：大新書局，1999 年 3 月 15 日），頁 16。
[62] スリーエーネットウーク編著《みんなの日本語 初級 2》，頁 36。
[63] スリーエーネットウーク編著《みんなの日本語 初級 1》，頁 100。
[64] スリーエーネットウーク編著《みんなの日本語 初級 2》，頁 47、頁
　　56、頁 66。

般名詞、專有名詞、外來語，甚至地名都用平假名或片假名。

　　而英文文字體系則由其 26 字母所組成，藉由其隨機組合而形成文字意義（當然要有母音）。如「happy」（快樂），利用其中 5 個字母構成（快樂）之義。「good」（好的）則是由 4 個字母構成（好的）之義。即使詞性如何變化，依然不出 26 字母之範圍。如在動詞的現在進行式及過去式，只須在原形動詞後加上 ing 或 ed 即可。如 watch（看）這個動詞，加上 ing 後，變成 watching 表示正在看，加上 ed 後，變成 watched 則表示過去在看。無論如何變，仍然脫離不了 26 字母的魔掌，萬變不離其宗。其餘的詞性變化，亦是如此。像形容詞變副詞，只要在字尾加 ly 就行了，如 happily，如果要變名詞，字尾加 ness，形成 happiness。如果名詞或形容詞要變動詞，字尾加 ize，如 dramatize、miniaturize。

　　對中日英三種語言有初步瞭解後，以下從時態及詞類變化考察三者的差異。

（一）從時態變化考察：

　　所謂的時態是指一項動作在時間進行過程的狀態，一般而言，時態可分過去式、現在式和未來式。在中英日三種語言中，同樣表達一項動作，時態不同，漢字保持固定的字形，但英日文的字形卻有變化。我們分別從現在式、過去式及未來式等三種不同時態來分析「今天她在家讀英文」的一個句子。

1、過去式

　中：昨天她在家讀英文。

　英：She studied English at home last night.

　日：彼女は ぅちで えぃごを 勉強しました。

2、現在式

　中：今天她在家讀英文。

　英：She studies English at home today.

　日：きょぅ 彼女は ぅちで えぃごを 勉強します。

3、未來式

　中：明天她將家讀英文。

　英：She will study English at home tomorrow.

　日：あした 彼女は ぅちで えぃごを 勉強します。

　　從以上的句子比較可以得知，在中文裏，「讀」的字形，無論是昨天讀、今天讀或明天讀，其寫法依然為「讀」。但在英日文則有時態變化。在日文裏，「讀」的基本形是「勉強する」，現在式和未來式是「勉強します」，過去式是「勉強しました」。在英文裏，「study」是原形動詞，其現在式是「studies」或「study」[65]；過去式為「studied」，未來式為「will study」。

---

[65]　若主詞符合「三仙丹」的原則，即第三人稱、現在式、單數，則 study 變為 studies。

（二）從詞類變化考察：

語言學者趙元任將詞類分為：名詞、專有名詞、處所詞、時間詞、複合詞、區別詞、量詞、方位詞、代名詞、動詞（包括形容詞）、介詞、副詞、連詞、助詞、嘆詞等等[66]。所謂詞類變化是指詞性間的轉換，如名詞變動詞，動詞變形容詞。以下正是要來分析中日英三種文字在詞性轉換的同時，字形是否有變化？

我以「言」（說話）來舉例好了。在中文裏，「言」的字形可同時當動詞或名詞用。例如：

1、當動詞：食不語，寢不言。（《論語・鄉黨》）

2、當名詞：觀其言而聽其行。（《論語・公冶長》）

以上二句可以看出，無論是動詞或名詞，其字形依然為「言」。可是英日文則不同。在日文裏，「言」是「話す」，是動詞，其名詞為「話し」。在英文，「言」是「speak」，是動詞，那名詞是否也是「speak」呢？非也。是在動詞後加上「ing」，形成「speaking」之後，在語法上才構成名詞的作用。

同樣一個「言」字，在英日文中，會隨詞類不同而有所變化，而漢字始終維持一個字形，此所謂「凝固式字形」。我再舉個王安石改詩句的故事作為本節的結束。據說王安石有一首詩〈泊船瓜洲〉改了很多遍才定案。這首詩是這樣寫的：

---

[66]　詳見趙元任：《國語語法》（台北：學海出版社，民80年），頁205－206。

京口瓜洲一水間，鍾山祇隔數重山。春風又綠江南
岸，明月何時照我還？

王安石曾在此詩的第三句「春風又綠江南岸」中的「綠」字，
作過許多修訂，有改過「入」字，也改過「到」或「滿」等
字。最後採用「綠」字。綠可當名詞，綠色；也可當形容詞，
綠色的；又可當動詞，變綠。可是字形都維持「綠」的模樣，
也沒加什麼詞綴或裝飾品。漢字的這種詞性轉換，在修辭學
上稱作「轉品」。

二、圖象式的文字字形

　　上節我們說明了漢字結構的基本元素是象形文字。象形
文字是由圖畫演變而來的。且會義字及形聲字皆可從部首屬
性，大略可猜出意思。所以漢字字形是圖象式。而日文和英
文就不一樣了，日文系統是從漢字借用過來，兩者有淵源的
關係，當少數字借用之後，則變成另外一個意思，如「走」
字日文意思是「跑」，但這不是多數。尤其是日本所建立的
一套平假名五十音，其字源從中國草書借鑑而來，如

あ 來自「安」；か來自「加」；さ來自「左」；た來自「太」；
な來自「奈」
い 來自「以」；き來自「幾」；し來自「之」；ち來自「知」；
に來自「仁」
う 來自「宇」；く來自「久」；す來自「寸」；つ來自「川」；
ぬ來自「奴」

え 來自「衣」；け來自「計」；せ來自「世」；て來自「天」；
ね來自「禰」
ぉ 來自「於」；こ來自「己」；そ來自「曾」；と來自「止」；
の來自「乃」
は 來自「波」；ま來自「末」；ゃ來自「也」；ら來自「良」；
わ來自「輪」
ひ 來自「比」；み來自「美」；い來自「以」；り來自「利」；
ゐ來自「為」
ふ 來自「不」；む來自「武」；ゅ來自「由」；る來自「留」；
う來自「宇」
へ 來自「部」；め來自「女」；ぇ來自「衣」；れ來自「礼」；
ゑ來自「惠」
ほ 來自「保」；も來自「毛」；ょ來自「與」；ろ來自「呂」；
を來自「遠」
ん來自「旡」

　　　而片假名則是從楷書而來，如
ア 來自「阿」；カ來自「加」；サ來自「散」；タ來自「多」；
ナ來自「奈」
イ 來自「伊」；キ來自「幾」；シ來自「之」；チ來自「千」；
二來自「二」
ウ 來自「宇」；ク來自「久」；ス來自「須」；ッ來自「川」；
ヌ來自「奴」
エ 來自「江」；ケ來自「介」；セ來自「世」；テ來自「天」；
ネ來自「禰」

オ來自「於」；コ來自「己」；ソ來自「曾」；ト來自「止」；
ノ來自「乃」

ハ來自「八」；マ來自「萬」；ヤ來自「也」；ラ來自「良」；
ワ來自「和」

ヒ來自「比」；ミ來自「三」；イ來自「伊」；リ來自「利」；
ヰ來自「井」

フ來自「不」；ム來自「牟」；ユ來自「由」；ル來自「流」；
ウ來自「宇」

ヘ來自「部」；メ來自「女」；エ來自「江」；レ來自「禮」；
ヱ來自「慧」

ホ來自「保」；モ來自「毛」；ヨ來自「與」；ロ來自「呂」；
ヲ來自「乎」

ン來自「爾」

　　由以上五十音的字母觀察，它既是文字又是發音記號。
其字形與字義已失去聯繫，更無部首來幫助辨義，這些字母
僅具讀音及字形二者，缺少了字義的成份，它們有些必須和
漢字結合，才有完整意義。如上所舉例的「持ちます」，「持」
雖保留漢字「拿」的意義，但字形上必須加上ちます，ち是
語尾，ます表示現在肯定之義。

　　英文的文字系統從拉丁文而來，在 26 個字母的字形
中，無法感知其義，必須藉由讀音才能顯示其義。

　　我們再具體舉「安」「男」「休」來作比較：

　　「安」在英文是 safe，在日文是安（あん），其義有安

全、平安、安心。在漢字則是「從女在宀下」。當我們目睹
此三種語言,自可從漢字判斷出,安是女子安於室之義也,
有女主內之社會文化意涵,日文雖有安字,但畢竟是從漢字
借用。再者,『男』在英文是 man,在日文是おとこ,其義
與漢字同。漢字則是「從田從力」,很容易看出在農田耕種
的是男子,顯示古代社會男主外之生活內容,日文雖有男
字,但也是借用於漢字。「休」在英文是 rest,在日文動詞
是休む(やすむ),英文只能借音以判斷其義,而漢字是「從
人依木」,明顯看出人在樹旁休息之造字規律,日文借用漢
字後,還須加上語尾む。

　　由以上中日英三種國際性文字系統之比較,漢字及日文
是種視覺文字,從字形可窺見其義,但日文是從漢字借用
的,而英文則屬聽覺文字,借由聲音來辨別字義,從字形是
判斷不出意思的。

第四章　姓名學與文字應用

第一節　姓名學與文字誤用

　　上章提到漢字字形與英日文字形有顯著的差異，本章接著要談談姓名學，因為姓名學涉及到文字的應用。只是在應用的同時，總是聯繫著中國傳統的陰陽五行天干地支等迷信思想，導致許多人對自己的命運更加沮喪。所以本節先探討姓名學的文字誤用，第二節再提出正確應用文字，建立樂觀正面的人生方向。

　　姓名學的研究，歸納起來，大約有兩大派別：一是文化派，一是胡說派。

　　文化派的姓名學書籍，因其性質屬於學術的嚴謹考證，所以這類的書籍只有束之高閣，寂寞地沈睡在各大學的圖書館裏。例如，趙瑞民《姓名與中國文化》（海南：人民出版社，1988）；金良年《姓名與社會生活》（台北：文津，1990）；（清）陳廷煒《姓氏考略》（台北縣板橋市：藝文，1966）等書。胡說派的姓名學書籍，因掌握人類對命運不安全感的心理，所以能大行其道，行徑囂張地穿梭於學術殿堂與坊間書局當中。例如，龍琳居士《三分鐘學會姓名學》（台北：宇河文化，2003）、林大為《林大為非常姓名學》（台北：

字工坊文化，2004）等書[67]。以下我想先探究一下胡說派的姓名學是如何應用文字原理，結合中國傳統的陰陽五行、天干地支來撫慰人們的心靈，胡說他們的命運。為何是胡說呢？因為他們只要懂一些公式，再依姓名的結構加以機械式的套用，這樣就可取信於某些人了。否則怎麼會有三分鐘就能學會姓名學的主張呢？現在我先簡單介紹這些公式：

1、陰陽：

奇數為陽：如1、3、5、7、9

偶數為陰：如2、4、6、8、0

2、五行的生剋：

（木、火、土、金、水）

相生：金生水、水生木、木生火、火生土、土生金。

相剋：金剋木、木剋土、土剋水、水剋火、火剋金。

3、五行天人相關簡表：

五行	季節	方向	五氣	五藏	五體	五官	五色
木	春	東	風	肝膽	筋	目	青
火	夏	南	熱	心、小腸	血	舌	赤
土	四季	中央	濕	脾、胃	肉	口	黃
金	秋	西	燥	肺、大腸	皮毛	鼻	白
水	冬	北	寒	腎、膀胱	骨	耳	黑

---

[67] 從國家圖書館藏編目資料，我可以查出274筆關於「姓名學」的書籍資料。

4、十天干與五行方位對照：

（甲乙丙丁戊己庚辛壬癸）

甲乙東方木。丙丁南方火。戊己中央土。庚辛西方金。

壬癸北方水。

5、天干的生剋：

相生：甲乙木生丙丁火，丙丁火生戊己土，戊己土生庚

辛金，庚辛金生壬癸水，壬癸水生甲乙木。

相剋：甲乙木剋戊己土，戊己土剋壬癸水，壬癸水剋丙

丁火，丙丁火剋庚辛金，庚辛金剋甲乙木。

6、十二地支與五行方位四季對照：

（子丑寅卯辰已午未申酉戌亥）

寅卯（辰）屬木，位於東方，春天。

已午（未）屬火，位於南方，夏天。

申酉（戌）屬金，位於西方，秋天。

亥子（丑）屬水，位於北方，冬天。

其中辰未戌丑屬土，位於中央，立春、立夏、立秋、立冬。

7、地支與生肖對照：

十二生肖恰好配十二地支，子配鼠、丑配牛、寅配虎、

卯配兔、辰配龍、已配蛇、午配馬、未配羊、申配猴、

酉配雞、戌配狗、亥配豬。

8、姓名筆劃與五行：

一二劃屬木；三四劃屬火；五六劃屬土；七八劃屬金；

九十劃屬水

9、姓名學的五格：天格、人格、地格、外格、總格

```
                    1
                              ＞18 天格（陰金）吉
              謝 17
      吉 16 外格（陰土）        ＞25 人格（陽土）吉
      37－38 歲        明 08           25－36 歲
                              ＞23 地格（陽火）吉
              輝 15                  1－24 歲
              － － －
              40 總格（陰水）吉帶凶
              49 歲－老
```

　　地格是「名一」加「名二」的總和，主 1 到 24 歲的運程，代表晚輩或部屬或妻子。

　　人格是「姓」加「名一」的總和，主 25 到 36 歲的運程，代表個性及情感。

　　外格是「名二」加 1 的總和，主 37 到 48 歲的運程，代表人際關係的互動。

　　總格是「姓」加「名一」與「名二」的總和，主 49 歲到老的運程，代表總體運勢，及外在表現行為（與人格相對）。

　　天格是 1 加上「姓」之總和，代表長輩或長官或丈夫。

　　有了以上簡單知識後，我們再來瞭解他們的內涵。胡說派的姓名學研究，大約可分為以下幾類：生肖姓名學、易經

姓名學、格局姓名學、九宮流年姓名學、三才五格姓名學、八字姓名學等六類。他們的推算原理，無非是根據數字筆劃及文字字形兩大主軸。

一、姓名學與數字筆劃（文字化為筆劃數）

姓名學以三才五格為常見[68]，它是將姓名文字化為筆劃數字，再以數字靈動力的吉凶作為分析姓名格局的標準。吉凶的判斷是根據八十一數靈動表（農民曆都有附錄，可方便對照）。純吉有 34 個，純凶有 28 個，灰色地帶有所謂吉帶凶或凶帶吉。可見姓名五格筆劃中，吉出現的機率比較大。八十一數吉凶情形，依據農民曆，簡述如下：

1（吉）2（凶）3（吉）4（凶）5（吉）6（吉）7（吉）8（吉）9（凶）10（凶）
11（吉）12（凶）13（吉）14（凶）15（吉）16（吉）17（吉）18（吉）19（凶）20（凶）21（吉）22（凶）23（吉）24（吉）25（吉）26（凶帶吉）27（吉帶凶）28（凶）29（吉）30（吉帶凶）31（吉）32（吉）33（吉）34（凶）35（吉）36（凶）37（吉）38（凶帶吉）39（吉）40（吉帶凶）41（吉）42（吉帶凶）43（吉帶凶）44（凶）45（吉）46（凶）47（吉）48（吉）49（凶）50（吉帶凶）51（吉帶凶）52（吉）53（吉帶凶）54（凶）55（吉帶凶）56（凶）57

---

[68] 分析實例可參閱本書後所附錄〈姓名學與儒家精神〉一文，曾刊於《國文天地》212 期，頁 47-50。

（凶帶吉）58（凶帶吉）59（凶）60（凶）61（吉帶凶）62
（凶）63（吉）64（凶）65（吉）66（凶）67（吉）68（吉）
69（凶）70（凶）71（吉帶凶）72（凶）73（吉）74（凶）
75（吉帶凶）76（凶）77（吉帶凶）78（吉帶凶）79（凶）
80（吉帶凶）81（吉）

　　根據筆劃數吉凶的原理，依據趨吉避凶的取名原則，算
命師便有意的按公式來命名，如下圖所示，筆劃皆吉，且天
格人格地格三者，五行為火木火，相生：

```
                    1
                          >3  火
              ○ 2
      5    <               >11 木
              ○ 9
                          >13 火
              ○ 4
              － － －
                   15
```

　　上圖中，第一個○的筆劃為 2，姓氏可以代入「丁」。
第二個○為 9 劃，你可以去查字典，凡是 9 劃者，皆可代入，
生男的可參考「建」「昭」「冠」「昱」「彥」「思」「威」
「勇」「信」「亮」「俊」「怡」……等字。生女的可參考
「品」「柔」「美」「香」「怡」「玫」「貞」……等字。
第三個○的筆劃數為 4，生男的可參考「中」「元」「文」

「仁」「才」……等字，生女的可參考「丹」「心」「云」「之」「今」……等字。如果你姓丁，生女的，可命名為「丁玫心」或「丁香云」，生男的，可命名為「丁威仁」「丁亮才」，命運應該不會太差[69]。如果你相信這個取名方法，其實也是一個方向的指引，至少你已相信取個好名字了。這樣的自我暗示，也是很好的，因為命運的好壞取決於內心的想法。現在我將介紹取名的簡易步驟：

1、先體會上述關於姓名學的結構及基本知識。

2、查查我附錄的取名參考表[70]

3、第一個位置是姓的筆劃數，如果你姓謝，請找 17 的項目。

4、第二個和第三個位置是名字筆劃數，請你查字典，按筆劃需求填入相關位置即可。

　　我並不是鼓舞你去相信胡說派的姓名學，而是透過查字典這個動作，認識了中國文字，領略了文字的神奇及妙用（你是否很久沒翻閱字典了呢？）。

　　如果不懂姓名學的民眾，他所取的名字，恰好為凶，那又該如何？例如，「李雪梅」這個名字，何榮柱《姓名學教科書》[71]把她當作是「先生外遇」的案例，如以下說明：

李 7　金

雪 11　木

梅 11　木

---

[69]　李鐵筆《命名資料庫》（台北：益群書店，民 90 年）已作過整理，資料豐富。如果有心，你也可整理出來。

[70]　我參考李鐵筆《命名資料庫》，頁 124－127，並自製表格。

[71]　請參何榮柱《姓名學教科書》（台北：玄同文化，民 92 年），頁 155。

　　何先生分析此名字說：「李雪梅『姓』剋『名一』，夫星在姓，卻有兩個同五行之木，表示兩女搶一男，先生愛上李雪梅的親妹妹，並且私奔，因雪梅為雙胞胎格。」好像取這個名字都很糟。我相當懷疑，所以在網路上尋找答案。我在奇摩網站上鍵入「李雪梅」關鍵字，結果出現 231000 筆資料，當然其中可能有些重複，不過，同名同姓倒還滿多的。我舉三個不同情況的李雪梅。有擔任品高企業，網站負責人的李雪梅；也有服務於育群托兒所的校長李雪梅；也有體壇健將的李雪梅。我摘錄關於她的報導：

> 李雪梅和男朋友已經經過 10 年愛情長跑的考驗，李雪梅仍覺得現在結婚時機還不成熟：「現在我還要準備恢復身體爭取參加奧運會，等退役後再說吧，至少 2005 年之後。」不過李雪梅已經打算好了，退役之後還要嘗試開服裝店、首飾店，而且還要養一大群狗狗，賽場下的女飛人其實目標還很多。本報記者廖立昊

報導中的未婚小姐李雪梅，如果看到何先生的分析，不知敢不敢結婚，因為先生會外遇。她受訪表示至少 2005 年之後，她才會結婚。說不定，到 3005 年都不會結婚呢！可見同名同姓的李雪梅，命運都不同。

　　所以名字要重新創造意義，自我暗示會好運，保持樂觀的想法，即使遇到不如意，也能屢仆屢起，不向挫折低頭。

筆劃除了吉凶外，尚有一些從 81 數中歸納出來的特性[72]。例如：

1、代表災難、危禍、病死之數：9、10、14、19、20、22、
　　28、30、34、44、50、54、56、59、60、70

2、代表才藝、技能之數：13、14、26、29、33、36、38、42

3、代表女性之最佳大吉數：5、6、15、16、32、35、45、48

4、代表女性不宜之寡婦數：21、23、26、28、33、34、39

　　這些數字真有那麼大的魔力嗎？你是要相信數字，還是自己呢？也就是說，命運是掌握在一堆數字的排列上，還是掌握在樂觀積極的想法上呢？創作一幅樂觀向上的名字對聯，不就重新創新你的命運嗎？

二、姓名學與文字字形（將文字拆解）

　　上個小節論述「三才五格姓名學」是將文字化為筆劃數字，以推算個人命運吉凶。本小節接續呈述「生肖姓名學」是如何將文字拆解，以分析個人命運。顧名思義，此派學說主要是透過十二生肖的特性及文字字形的特點，加上天干地支的配合，以分析生肖及文字的關係，達到趨吉避凶的效果。首先，你必須瞭解什麼生肖適合什麼東西或忌諱什麼東西？如果是屬鼠的人，他的名字忌諱有「人」字根，因為「過街老鼠，人人喊打」，也忌諱有「土」字根，因為鼠為子，屬水，而土會剋水。所以如果你叫「李坎偉」，因「坎」和「偉」二字，帶有「人」字根，所以常遭小人陷害，與人溝

---

[72]　請參李鐵筆《命名資料庫》，頁 71－73。

通，常有誤會。且「坎」有「土」字根，土剋水，常有莫名
其妙的障礙，水主財，有破財危機。還好「偉」字有「口」，
老鼠喜愛洞穴，所以有不動產。屬馬的人，取「李秀芳」還
不錯，因為馬愛吃草和雜糧，「秀芳」剛好有「禾」和「草」
字根。取「李育玲」可就不好了，因為「育」有「肉」字根，
可能得厭食症，可憐！

　　經過上述實例說明，我們知道，此派主張利用文字字形
拆解的方法，以分析姓名的好壞。以下再概述十二生肖字根
的理論情形：

1、適合鼠字根的有：鼠為十二生肖之首，故須含「至」字
　　之字根，如：「臻」「臺」「到」等字皆適合。

2、適合牛字根的有：須含「丑」字之字根，因十二地支「丑」
　　配牛，如：「扭」「紐」「鈕」等字。

3、適合虎字根的有：須含「爭」的字根，因虎好爭鬥，如：
　　「爭」「淨」「靜」等字。

4、適合兔字根的有：須含「東」的字根，因東方屬木，屬
　　兔，如：「棟」「陳」「楝」。

5、適合龍字根的有：須含「尤」的字根，因尤是龍的簡體
　　字，如：「就」「沈」。

6、適合蛇字根的有：須含「辶」之字邊，因其字形象蛇，
　　如：「建」「庭」「蜓」。

7、適合馬字根的有：須含「南」字根，因南方屬火，火屬
　　馬，如：「南」「喃」「楠」。

8、適合羊字根的有：須含「孝」字根，因民俗中羊哺乳時
　　是跪在母羊身旁表示孝順，如：「教」「孝」。

9、適合猴字根的有：須含「申」字根，因十二地支中，申
　　屬猴，如：「紳」「坤」「神」。

10、適合雞字根的有：須含「佳」字根，因其字形象雞，如：
　　「難」「雄」「雅」。

11、適合狗字根的有：須含「犬」字根，如：「然」「狄」
　　「猛」。

12、適合豬字根的有：須含「豕」字根，如：「家」「豪」
　　「眾」。

　　透過以上的分析說明，我們應該更加明白文字字形在
「生肖姓名學」的運用情形。上述的理論可以相信嗎？生肖
所用字根中，有的配合五行，有的配合天干地支，有的配合
象形，有的配合排行，有的配合特性，諸如此類的自圓其說，
充滿迷信色彩。就拿生肖配地支來說，為何丑配牛呢？古代
是以干支紀年，如辛丑年，則為牛年，乙亥年則為豬年，十
二地支恰好和十二生肖配對。今年（2006）為丙戌年，屬狗
年。假使你屬牛，名字為「○○紐」，這樣的名字算不錯。
但西方不以干支紀年，同樣在丙戌年（2006），為何只有中
國人認為屬牛年，在西方卻沒有十二生肖呢？

第二節　姓名學與文字創新意義

　　為了不讓我們的姓名受某些數字或文字公式的擺佈，我
們可以為這三個字創新意義啊！姓名學和文字到底有何關
係呢？姓名是一個人的生命符號，追隨人一輩子。它是由姓
氏和名字兩大部份所組成。在東方，像中國或日本，一般而

言，姓名的形式只有三個字或四個字。其區別在於單姓或複姓。在日本，複姓較多，約有 704 個[73]，如「佐藤」、「山口」、「木村」、「田中」，所以姓名形式以四字為常見；在中國，複姓只有 61 個[74]，如「司馬」「令狐」「歐陽」，但以三字的形式居多。

　　上章我們論述了中國文字的特性，得出每個漢字皆有文化意義的結論，而姓名是中國漢字所組成，因此只要我們對三個字之間文化意涵，作出創造性的新意義來，則不用受制於坊間以筆畫規劃人生的姓名學，故遭逢挫折者，不須改名，而應創造一種正面向上的意義。如何創造新意義呢？我們認為從編造故事、對聯以及字形拆解等三方面來思考。

一、編造故事創新意義

　　我從「謝明輝」三個字的組合中，編造一個屬於我個人的故事。故事是這樣的：

　　話說蔣經國時代，那時尚未像現在這樣安定和諧。身處戒嚴時期，人人說話相當謹慎，每天早上總統府都會定期召開早餐會報，讓記者詢問關於國內外施政重點，記者最感興趣的問題卻是「下任總統是誰？」可能當時經國總統可樂喝

---

[73] 我統計許茂發編著《自學日本語》（台南：大孚書局，民 80 年 5 月再版）附錄五，「日本常用姓氏讀法」，頁 221－228。

[74] 我參考楊汝安編著《中國百家姓探源》（台北縣中和：玉樹圖書公司，民 89 年）前言，頁 1，他說：「《百家姓》為宋人（作者不詳）所編，共集五百零七個姓，其中單姓四百四十六個，複姓六十一個。明、清時期又有不同的版本傳於世。」

太多，一時為避開此棘手問題，卻推說「您等會兒，您等會兒」藉以尿遁，因帶點大陸腔，所以記者們聽成「李登輝」結果隔天報紙報導說：「經國總統表示下任總統是李登輝」。後來時間證明果真如此。

　　過了不久，經國時代的那批英明記者投胎轉世到李登輝時代來。同樣又在總統府的早餐會報上，同樣詢問一個英明的問題：「請問下任總統是誰？」李登輝當然也茫然不知所措，他巧妙避開這位記者的問題，而直接讓下位記者來發問，但因為太過猴急，就說了一句「下面一位、下面一位」，唸得太快，唸成「謝明輝、謝明輝」。但後來事實並非如此。我講這個「謝明輝」故事，並非想當總統，而是藉由故事塑造一個正面向上的意義，創造樂觀進取的精神。同樣取名為「謝明輝」者（在 yahoo 網站可搜尋到 1304 筆相關的資料），未必都會想到這個故事，所以命運要自己去開創。

　　清代大學問家紀曉嵐的門生林鳳梧也曾為自己編造故事。有一次，當林鳳梧拜見恩師紀曉嵐時，紀曉嵐對他的名字很好奇，因為取得很高雅別致，於是就詢問「鳳梧」名字的由來。鳳梧說：「因為母親在臨盆時，恰好做了一個夢，夢見一隻鳳凰停在梧桐樹上，所以取名曰「鳳梧」。紀曉嵐聽了之後，忍不住大笑了起來，在旁的師母見狀，趕緊先請鳳梧回去，以化解尷尬的場面。事後，師母問紀曉嵐為何聽了鳳梧的故事後而大笑呢？

　　紀曉嵐答曰：「還好他的母親是夢到鳳凰停在梧桐樹上，如果是夢見一隻雞停在芭蕉樹上，那取的名字可就奇妙囉！」

二、學習對聯創新意義

　　由於漢字單音獨體的特殊性，故漢字可形成對聯文化，而英日文缺少條件構成趣味的文字遊戲。對聯的故事我們在詩歌應用那一章已有仔細論述。對聯與名字的關係是相當密切，千萬不可忽視它。我們可以用名字的開頭來作一幅對聯，藉以暗示個人對事業、課業或人生諸方面的自我期許及期待，雖然短短十個字或十四個字，對聯卻可以使我們對人生充滿希望和光明，依中國習俗，每年春節家家戶戶都會貼紅色對聯慶祝新年，我們可以利用對聯來加強積極的態度，使名字發揮更實質的生命內涵。就以我為例，所作對聯如下：

　　　　「明」日勤勞事業旺，「輝」星照耀才華佳。

　　上句是說我希望「勤勞」這種傳統美德能夠一直持續到明日（未來），因為它是事業興旺的基礎，下句則是期許能受到輝星的眷顧使我多才多藝。對聯可反映一人之思想良窳及成就高低。且看以下對聯：

　　　　「清」明時節雨紛紛，「安」娜酒吧死沈沈。
　　　　「漢」他病菌要人命，「良」藥苦口救世人。

名曰「清安」者，應有多元化想法，但想到酒店玩樂，或偷人字句，點金成石，可就有辱父母當時苦心經營地取名了。而名曰「漢良」者，或許他有行醫濟世之宏志，然從字句讀之，顯示其態度並非認真及嚴謹。或許你會問，有些名字好造，有些又不好造，萬一取到不好造的名字，怎麼辦呢？名

曰「嘉懌」者，總不好造了吧，但我們強調只要對自我還有些期許，必定能作的出來的。如以下對聯：

「嘉」言錦句好文采，「懌」志淑懷妙舞姿。

懌是形容詞，快樂之義。上句希望自己在文學方面有更優秀的表現，下句則期許在舞蹈方面能盡善盡美，更好的成就。以下提供幾個對聯實例參考[75]：

1、「寶」島煥新民氣象，「春」曦照復國樓船。
2、「忠」孝傳家春早到，「雲」天有路月先探。
3、「昌」期幸際中興日，「泰」運欣逢大有年。
4、「書」不讀隋唐以下，「志」常在山水之間。
5、「曉」日旌旗開寶帳，「春」風鼓角動轅門。
6、「巧」織天孫錦，「新」裁月姐裳。
7、「光」明稱磊落，「華」國煥文章。
8、「錦」堂雙璧合，「玉」樹萬枝榮。
9、「瑞」祥徵吉兆，「成」德展宏圖。
10、「麗」水生金，「華」林綴錦。

三、字形離合創新意義

　　漢字可利用拆解字形的方法，為自己的名字賦與更棒的內涵。如「明輝」二字，即為吸收「日月」精華，從「軍光」榮退伍。當然，或許恰好我的菜市仔名比較好拆，所以易如

---

[75]　張仁青編著《應用文》（台北：文史哲，84年），頁668－800。

反掌就把它給拆解了,而且意義非凡。不過,請您想想看,同樣取這個名字的人,都會像我想的那樣嗎?基本上,字形拆解的方法,還是得先從認識文字的部首開始。一部字典,通常頁首都有部首可供查詢。如以下概述[76]:

(一)與人體有關

1、與人整體相關:人、儿、身、骨、肉、血、大、立、尸、女、子、士、男、力、广、老、長

2、與頭部相關:頁、首、面

3、與口部相關:口、舌、牙、齒、言、欠、甘

4、與眼睛相關:目、見

5、與鼻子相關:鼻、自

6、與耳朵相關:耳

7、與手相關:手、又、攴、爪、殳、寸、廾

8、與腳相關:足、止、走、辵、彳

9、與精神生活相關:示、鬼、心

(二)與人的衣食住行用等日常生活相關:

　　　　宀、穴、广、門、戶、囗、刀、弓、巾、瓦、矛、矢、田、皿、舟、衣、糸、米、耒、缶、网、行、貝、車、金、革、韋、斤、食

(三)天時地理:

　　　　日、月、風、雨、气、山、土、玉、石、阜、邑、水、

---

[76] 葉保民等著:《古代漢語》(台北:洪葉文化,民81),頁49-73。

火

（四）動物植物：

1、動物：牛、犬、羊、虫、羽、豕、豸、隹、馬、魚、鳥、
　　鹿、黽、鼠、龍、龜

2、植物：木、瓜、禾、艸、麥、麻

　　最後在部首的基礎上，你可以隨心所欲地去發揮，有時不好意義的字，透過你的正面聯想，可以把字的內涵變得更加光明。拆字的實際運用，我再舉一幅對聯說明：

　　　　嫁得「潘」家郎，有水有米有田。
　　　　取來「何」氏女，添人添口添丁。

「潘」拆解為水、米、田，象徵吃穿不用愁，又有不動產。「何」拆解為人、口、丁，象徵多子多孫多福氣。所以與姓潘和姓何的人結婚，一定很美滿幸福。心想事成，若能往正面思考，其結果也會如此樂觀。

第五章　周易思想

第一節　淺說《周易》

　　《周易》為群經之首，是中國文化的源頭，它的性質本為一部卜筮之書，可以教人趨吉避凶，在古代先民生活中扮演極重要的角色。在《左傳》《國語》《論語》等先秦典籍中，都可看到周易卜卦的蹤影。如：

> 左傳襄公九年：穆姜薨於東宮。始往而筮之，遇艮 之八。史曰：「是謂艮之隨 。隨其出也，君必速出。」
> 姜曰：「亡！是於周易曰『隨，元亨利貞無咎』。」
> 國語晉語四：十月，惠公卒。十二月，秦伯納公子。
> 董因迎公于河，公問焉，曰：「吾其濟乎？」對曰：
> 「臣筮之，得秦 之八。曰：是謂天地配，『亨，小往大來。』」
> 子曰：「南人有言曰：『人而無恆，不可以作巫醫。』善矣！『不恆其德，或承之羞。』子曰：『不占而已矣。』[77]」（子路）

《周易》在歷代演變過程中都有篤實的研究者，並且分宗立派，主導人們的心理及行為。紀昀深具歷史眼光，對此有較

---

[77] 《論語注疏》，頁179。

精當之論述，他說：

> 故《易》之為書，推天道以明人事者也。《左傳》
> 所記諸占，蓋猶太卜遺法。漢儒言象數，去古未遠
> 也。一變而為京、焦，入于機祥，再變而為陳、邵，
> 務窮造化，《易》遂不切于民用。王弼盡黜象數，
> 說以老莊。一變而胡瑗、程子，始闡明儒理，再變
> 而李光、楊萬里，又參證史事，《易》遂日啟其端。
> 此兩派六宗，已互相攻駁。[78]

《周易》開始是占卜之書，到漢代側重象數的運算，魏晉時
期王弼以老莊哲理取代象數之易，宋代則改以闡明儒家哲理
為解卦基調，至南宋更發展成兩派六宗並互相攻擊。
放眼當今世界，《周易》的魔力仍是無法抵擋，相信未來它
依然有深遠的影響力。因此我們有必要對《周易》的思想作
一探本清源的工作，從中國文字的角度切入，來體會《周易》
所蘊含之人生哲理。

一、釋名

東漢許慎解「易」云：

> 易，蜥易蝘蜓守宮也。象形。祕書說日月為易，象
> 陰陽也。一曰從勿，凡易之屬皆從易。[79]

---

[78]　（清）紀昀總纂《四庫全書總目提要》（石家庄：河北人民出版社，
　　　2003 年 3 月），頁 50。
[79]　（漢）許慎撰、（清）段玉裁注、（民國）魯實先正補《說文解字注》

　　許慎將易解作蜥蜴，屬象形的造字方法，上部象其頭，下部象其身。他又引《祕書》將其字形析為日月，象徵陰陽，屬會意字。段玉裁注曰：「鄭氏贊易曰：『易之為名也，一言而函三義：簡易一也，變易二也，不易三也。』」簡易是指周易運用—，－－兩個簡單符號統攝六十四卦及三百八十四爻之變化，所謂「一陰一陽之謂道」。變易則指萬事萬物隨時皆在變，故《周易‧繫辭》有云：「《易》窮則變，變則通，通則久[80]」不易則謂任何事物萬變不離其宗之不變規律。

二、八卦形成及其內涵

　　明白《周易》是講陰陽變化之理之後，接下來討論我們所熟知的八卦是如何產生？《周易‧繫辭》有一段話可幫助我們理解：

> 是故易有太極，是生兩儀，兩儀生四象，四象生八卦，八卦定吉凶，吉凶生大業。[81]

我們依據〈繫辭〉所描述的八卦形成過程，製成簡圖如下：

（台北：黎明文化公司，民 63 年 9 月），頁 463。

80　李學勤主編《十三經注疏‧周易正義》（北京：北京大學出版社，1999 年 12 月），頁 300。

81　《十三經注疏‧周易正義》，頁 289。

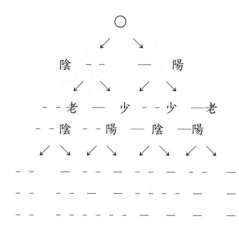

坤　　艮　坎　巽　震　離　　兌　　乾

　　八卦的順序是由右而左讀之，代表氣的運行次序，下節的卜卦會運用到，所以要熟記。宋人朱熹提供一個簡單的記憶方法，稱為八卦取象歌。

　　乾三連，坤六斷，震仰盂，艮覆碗，離中虛，坎中滿，兌上缺，巽下斷

　　八卦根據《易傳說卦》的說法，各有其象徵內涵。今引用如后：

　　1、乾，健也；坤，順也；震，動也；巽，入也；坎，陷也；離，麗也；艮，止也；兌，說也。

　　2、乾，天也，故稱父。坤，地也，故稱乎母。震，一索而得男，故謂之長男。巽，一索而得女，故謂之長女。坎，再索而得男，故謂之中男。離，

再索而得女，故謂之中女。艮，三索而得男，故
謂之少男。兌，三索而得女，故謂之少女。

3、天地定位，山澤通氣，雷風相薄，水火不相射，八
卦相錯，數往者順，知來者逆；是故，易逆數也。

簡單來說，八卦就是先民將所見人事自然之物分成八
類。這八類表現在自然現象則是，天地，山澤，雷風，水火，
如第 3 條所示。第 2 條說明八卦表現於人事的關係。如乾為
父，乾為母，震為長男，巽為長女，坎為中男，離為中女，
艮為少男，兌為少女，正好象徵一個家庭中的八個成員，父
母親生六個小孩，三男三女。第 1 條則說明八卦的特性，如
艮有停止之義，震有動之義。由上三條資料，我製成一簡表：

八卦人事自然象徵表

坤	艮	坎	巽	震	離	兌	乾	
地	山	水	風	雷	火	澤	天	自然
母	少男	中男	長女	長男	中女	少女	父	人事
順	止	陷	入	動	麗	悅	健	屬性

三、《周易》一書構成要素

1、經：可分卦畫、卦辭及爻辭三部分。如乾卦而言，其卦
畫為☰，其卦辭為「元亨利貞」；其爻辭「初九：潛龍
勿用。九二：見龍在田。九三：君子終日乾乾，夕惕若。
九四：或躍在淵。九五：飛龍在天。上九：亢龍有悔。」
《周易》解卦方法是先解說整體，再各各擊破，分

析各爻之情況。故先有卦辭，再有爻辭。

2、傳：孔子作十翼[82]後，在思想上，破除迷信，相信個人精
　　神力量，命運不受卦象玩弄。如孔子解乾卦，其爻辭為：

　　　　初　九　潛龍勿用。
　　　　九　二　見龍在田，利見大人。
　　　　九　三　君子終日乾乾，夕惕若，厲，無咎。
　　　　九　四　或躍在淵，無咎。
　　　　九　五　飛龍在天，利見大人。
　　　　上　九　亢龍有悔。
　　　　用　九　見群龍無首，吉。

孔子對此卦之義理頗有心得，逐條闡釋。孔子解「初九」爻
云：「龍德而隱者也。不易乎世，不成乎名，遯世無悶，不
見是而無悶，樂則行之，憂則違之，確乎其不可拔，潛龍
也。」揭示身處人生第一階段時，應像龍一樣隱藏起來，儲備能
量，不慕榮利，不急於表現。下卦第二爻處中正之位，故以
中庸之德釋之：「龍德而正中者也。庸言之信，庸行之謹，
閑邪存其誠，善世而不伐，德博而化。」九三爻實指尚未出
頭階段，仍須以修德為念。子曰：「君子進德脩業。忠信所
以進德也；脩辭立其誠，所以居業也；知至至之，可與幾也；
知終終之，可與存義也。是故居上位而不驕，在下位而不憂，
故乾乾因其時而惕，雖危無咎矣。」

82　所謂『十翼』是指孔子解讀《周易》而口述的十篇讀後心得，發揚理
　　性精神。此十篇文章的題目分別是：象辭上下、彖辭上下、繫辭上下、
　　說卦、序卦、雜卦、文言。

　　九四爻已奠定出人頭地之條件，此階段若持續脩業，勿為惡離群，則成功之境已不遠，如龍自淵而躍出。子曰：「上下無常，非為邪也；進退無恆，非離群也；君子進德脩業，欲及時也；故無咎。」持之以恆，進德脩業，終有成功之日，此刻如飛龍在天，風雲畢集。子曰：「同聲相應，同氣相求，水流濕，火就燥，雲從龍，風從虎，聖人作而萬物睹。本乎天者親上，本乎地者親下，則各從其類也。」在前五階段，孔子已提醒世人修德恆心之重要性，然而更加強調成功之後，可能因驕傲自大而失去賢人幫助之危險。故上九爻云：

　　　貴而無位，高而無民，賢人在下位而無輔，是以動而有悔也。

此爻辭除了在《周易》「乾卦」出現，同時亦在《易傳繫辭》出現。可見亢龍有悔之理，孔子特別提醒君子注意。

第二節　《周易》之重要性

　　「否極泰來」、「韋編三絕」、「九五之尊」、「三陽開泰」等成語都與《周易》有關，從精練四字語言中，可窺見周易文化之博大精深。「否極泰來」中，否泰為《周易》二卦，一凶一吉，蘊藏厄運終將過去，好運即將來到的樂觀思想。「韋編三絕」是指史記載孔子讀周易讀到書皮破爛，竹片及絲線皆斷，以顯示《周易》之重要性。九五是指每卦第五個位置的陽爻而言，恰好為上卦中位，故其位尊貴。「三陽開泰」是指一月時的卦象為　　，下卦為三個陽爻。古人將

十二卦配上每年的十二月，十一月是復卦，下卦為一陽二
陰。十二月是臨卦，下卦為二陽一陰，到一月，恰好為三陽，
所以是三陽開泰，泰為吉卦，有好運之義。

　　周易作者在《周易繫辭》第二章論述其周易之重要性，
主要說明人類發展的標記性器物的發明皆是受了《周易》某
卦的啟發：先是敘述庖犧氏畫八卦，將宇宙萬物分成八類。

> 古者庖犧氏之王天下也，仰則觀法於天，俯則觀法
> 於地，觀鳥獸之文與地之宜，近取諸身，遠取諸物，
> 於是始作八卦，以通神明之德，以類萬物之情。

接著從早期人類文明的漁獵開始敘述，一直講到文字發明
時代。

> 作結繩而為网罟，以佃以漁，蓋取諸「離」。庖犧
> 氏歿，神農氏作，斬木為耜，揉木為耒，耒耨之利，
> 以教天下，蓋取諸「益」。日中為市，致天下之民，
> 聚天下之貨，交易而退，各得其所，蓋取諸「噬嗑」。

以上說明漁業時代所發明的漁網及獸網，農業時代的耒耨農
具以及商業時代以物易物的市場機制等等的構想，是受到
「離」「益」「噬嗑」等三卦的啟發及影響。

　　在滿足基本的食的需求之後，再來是發明衣裳的方面，
黃帝、堯、舜垂衣裳而天下治，其概念即是取自乾坤二卦。
如：

> 神農氏沒，黃帝、堯、舜氏作，通其變，使民不倦；
> 神而化之，使民宜之。易窮則變，變則通，通則久。
> 是以「自天祐之，吉無不利」。黃帝、堯、舜垂衣
> 裳而天下治，蓋取諸「乾」、「坤」。

聖人發明器具的目的是要「使民不倦」「使民宜之」讓老百姓能方便使用。《周易》的一句名言「窮則變，變則通，通則久」正是文明進步背後的一雙推手。

除了上述食衣兩大方面外，其他一些生活概念也深受到《周易》的啟發。在行的安全上，聖人發明了「舟楫」水上交通工具以克服坐困愁城的障礙，也懂得利用牛馬等陸上交通工具來運載重物到遠方去。防盜器具的設立，如房子多加一道門、戶外增設巡邏網，可以維護住宅安全。再者，宮室棟梁建築，穩固耐用以遮風擋雨，保護生命安全。關於葬禮方面，聖人想到以棺槨保護往生者，避免蟻食蟲啃，顯示後輩的臨終關懷。聖人改善前人以結繩記憶複雜人事的方法，代之以文字溝通彼此心意，達到政府行政制度健全的效果。如：

> 刳木為舟，剡木為楫，舟楫之利，以濟不通，蓋取
> 諸「渙」。服牛乘馬，引重致遠，以利天下，蓋取
> 諸「隨」。重門擊柝，以待暴客，蓋取諸「豫」。
> 斷木為杵，掘地為臼，臼杵之利，萬民以濟，蓋取
> 諸「小過」。弦木為弧，剡木為矢，弧矢之利，以
> 威天下，蓋取諸「睽」。上古穴居而野處，後世聖
> 人易之以宮室，上棟下宇，以待風雨，蓋取諸「大
> 壯」。古之葬者，厚衣之以薪，葬之中野，不封不

樹，喪期無數，後世聖人易之以棺槨，蓋取諸「大
過」。上古結繩而治，後世聖人易之以書契，百官
以治，萬民以察，蓋取諸「夬」。

以上所述，作者舉了 13 卦以說明聖人一些獨特想法，皆是
受到《周易》一書之啟發影響，如此作法無疑是要抬高《周
易》身價，要人重視《周易》所蘊含之哲理。同理可推，我
們是否可說現今科技時代的代表性器物電腦的發明可能受
到《周易》卦象的啟發而產生的呢？答案是否定的，因為電
腦發明者在西方，西方人對《周易》不懂。

第三節　現代卜卦方法及解卦——《周易》的應用

前言

　　古代和現代的卜卦型態不同，主要在於占卜工具的差
異。古代占卜的工具主要用龜殼和筮草兩種。古人用火烤灼
龜殼，之後龜殼會發出「卜」的聲響，背面會出現像「兆」
的紋路，然後再判斷吉凶。判斷重點在於象。另一種卜卦工
具是用筮草。占卜方法是：「大衍之數五十，其用四十有九，
分而為二以象兩，掛一以象三，揲之以四以象四時，歸奇於
扐以象閏，故再扐而後掛。」這個程序很複雜，今人已少使
用。此法的判斷重點在於數。《易傳》說：

　　天一地二，天三地四，天五地六，天七地八，天九
地十。天數五，地數五，五位相得而各有合。天數

　　　　二十有五,地數三十,凡天地之數,五十有五,此所
　　　　以成變化而行鬼神也。

這段話是說,將 123…到 0 的十個自然數,分作兩部份,奇
數為陽,偶數為陰。《周易‧繫辭》又說:「參伍以變,錯
綜其數,通其變,遂成天地之文。極其數,遂定天下之象。」
透過數字的變化,可以排成六十四卦的卦象,每卦六爻,共
三百八十四爻。《易傳說卦》再說:

　　　　昔者聖人之作易也,將以順性命之理。是以立天之
　　　　道,曰陰與陽;立地之道,曰柔與剛;立人之道 。
　　　　曰仁與義。兼三才而兩之,故易六畫而成卦。分陰
　　　　分陽,迭用柔剛,故易六位而成章。

　　上節已論述八卦的形成。六十四卦是八卦重疊而成,就
是所謂的「兼三才而兩之,故易六畫而成卦」。有了六十四
卦後,最後再參考《周易》所載的卦爻辭以指示未來的行事
方向。

　　既然如此,那現代人也可利用同樣的轉換模式,以作為
預示未來命運的參考依據。所以簡單的原理就是哪些工具可
轉換成數字,我們就能以那個工具來卜卦[83]。

---

[83]　可參閱本書附錄〈《易》結不易解〉,《孔孟月刊》第 43 卷,第 11、
　　　12 期,頁 23。

一、如何卜卦

因為骰子、撲克牌、金錢及文字等四種工具皆可轉換成數字，故可用來卜卦，卜卦時，請牢記四個字：「心誠則靈」。以下簡單說明卜卦的步驟：

（一）擲骰子

1、先禱告：「拜請天上○○神，弟子是○○○、民國○○年○○月○○日出生，家住○○市○○路○○號。現在有個關於○○的問題想請示，○○○○問題，請給弟子一個靈卦」

2、擲骰子六次，由下往上排列，依陰偶陽奇原則，得出本卦。

3、再擲一次，所得數字即是變爻。

4、例如，擲出骰子點數分別為 6、4、4、1、3、5，依陰偶陽奇原則，得出卦象為☷，請查本書附錄「周易六十四卦表」，得出天地否卦（論處亂世之道），再擲一次，點數為 3，表示本卦的第三爻由陰變陽，得變卦卦象為☶，其卦名為天山遯（以退為進），再查《周易》原書，揣摩其義。

（二）抽撲克牌

1、先禱告：「同上」

2、洗牌後，依序抽出六張，由下往上排列，依陰偶陽奇原則，排出本卦。

3、再抽一張，所取出的牌數再除以六（六個爻位），餘數為變爻。其公式為 $X \div 6 = Y \cdots Z$（假設 X 為牌數，Y 為

六個爻位的循環次數，Z 為餘數）。

4、例如，若依序抽出六張為：Q、4、J、A、3、8；依偶數為陰，奇數為陽，即可得出 ䷞，查表得澤山咸卦（感情交流）。再抽一張為 k，k 是 13，13÷6＝2⋯1，餘數 1，所以變爻在第一個爻位，由陰變陽，得出變卦卦象為䷰，卦名為澤火革（變革之道）。

（三）丟錢幣

1、先禱告：「同上」。

2、以人頭為陽，背面為陰，依序投出六次，由下而上排列。

3、再以撲克牌配合，所取出的牌數再除以六，餘數為變爻。其公式為 X÷6＝Y⋯Z（假設 X 為牌數，Y 為六個爻位的循環次數，Z 為餘數）。

4、例如，依序丟六次錢幣為：正，正，正，反，反，反，得其本卦為䷊，查表得地天泰卦（陰陽交泰）。再抽一張撲克牌為 8，8÷6＝2⋯2，餘數為 2，第二個爻位由陽變陰，得出變卦為䷣，卦名為地火明夷（用晦之道）。

（四）測文字

1、先禱告：「同上」。

2、隨性寫三個字（千萬別說××娘，或○媽的），第一字筆劃數除以八，餘數為上卦，下二字總和數除以八，餘數為下卦。其公式為 X÷8＝Y⋯Z（X 為第一字筆劃數或下二字總和數，8 為八卦循環，Y 為八卦循環次數，Z 為餘數）。

3、三字總和筆劃數除以六，餘數為變爻。其公式為 X÷6
　＝Y⋯Z（假設 X 為三字總和筆劃數，Y 為六個爻位的循
　環次數，Z 為餘數）。

4、例如，隨性寫下「我愛妳」，上字「我」的筆劃數是 7，
　7÷8＝0⋯7，為艮卦，下二字「愛妳」筆劃數總和為 13
　＋8＝21，21÷8＝2⋯5，為巽卦，上艮下巽，得其本卦
　卦象為☶☴ ，查表得山風蠱卦（除弊治亂）。三字筆劃數
　總和為 7＋21＝29，29÷6＝4⋯5，餘數 5，表示第五個
　爻位產生變化，由陰變陽，得其變卦為☴☴，卦名為巽為
　風（以屈求伸）。

二、如何解卦

　　假使卜出了本卦及變卦，也查了原書，但看不懂，怎麼
辦？以下提供幾個原則給各位作參考：

（一）當不當位

　　每卦有六個爻位，初三五爻之位為陽位，偶數二四六爻
為陰位，如果陽爻居陽位，陰爻居陰位，稱為當位或得正，
象徵事物發展符合規律，符合正道，其行事結果為吉。如果
陰爻居陽位，陽爻居陰位，則稱為不當位，其行事結果則為
凶。例如，山風蠱，其卦象為☶☴，其初爻為－－ ，表示陰
爻居陽位，其為不當位。上九爻為 － ，表示陽爻居陰位，
故稱不當位。第三爻為一，表示陽爻居陽位，此為當位。如
果陰爻居第二位，陽爻居第五位，則稱為中正，因第二位和

第五位分居上下卦之中位，故稱「中」，陰爻居陰位，陽爻居陽位，則為得正。如澤火革卦，其卦象為䷰，其第二位為－－陰爻，第五位為－陽爻，此情況稱為中正，表示行事要堅守中庸之道。

（二）承乘比應

凡相鄰兩爻中，陰爻在陽爻之上，稱為「乘」；陽爻居於陰爻之上，稱為「承」。在一卦中，上卦三爻和下卦是互相照應。初爻與四爻，二爻與五爻，三爻與上爻等三組是具有對應關係。如果一組中，有陰有陽，稱為「應」，如果陰對陰，或陽對陽，則稱為「不應」。有應表示陰陽交感，無應則為陰陽不和諧。

（三）綜合判斷

當我們閱讀周易六十四卦的卦爻辭時，不可機械化地套用書上所記載的語詞，卦爻符號是一個開放系統，因人因事因地的不同，而有不同的指引方向。因為這六十四卦中的每一卦，各自象徵上古時代先民生活經驗的總結，例如，歸妹卦的內容是講婚嫁之道，如果你卜卦是要問投資事業的話，可是卻卜出關於婚嫁的卦，怎麼辦？你要先瞭解，婚嫁的卦是先民生活的其中一種經驗，他們把這件事記錄下來，只是一個案例，你還是要按照你的實際情況去推想、類比，以找出一條行事的法則。

第四節　周易思想之現代意義——
以孔子解卦為省思

一、前言

　　孔子是儒家思想的主要領袖人物，自漢代董仲舒獨尊儒術之後，孔子活在人們心中已有二千多年了，在世界各地皆有建祠立廟紀念孔子，弘揚尊師重道之傳統美德，每到九月二十八日，世人皆會想起孔子，緬懷孔子的精神。

　　孔子整理六經在古代具有重大的思想意義，對於促使經典系統化及精緻化付出極大之心力。尤其是《周易》一書，經孔子整理及加以新的詮釋之後，由占卜迷信超拔到高度之人文精神。《周易》一書可分為經、傳二部份。經以六十四卦為主要構成內容，而傳則是十翼。十翼相傳是孔子讀《易》後所述的十篇讀後心得報告的文章。《史記·孔子世家》云：「孔子晚而喜《易》，……讀《易》韋編三絕。曰：『假我數年，若是，我於《易》則彬彬矣』」依孔子好學不倦及廢寢忘食的讀書精神來看，把《周易》讀到木簡絲繩斷裂，不須置疑。經他多次苦讀思索之下，不禁感嘆，如果讓我再多活幾年，會對《周易》有更深刻的體會。在最近出土的文獻材料也證明這點。《帛書周易》云：「夫子老而好《易》，居則在席，行則在囊。」說明孔子晚年對易的喜愛。又「夫子曰：『吾好學而才聞要，安得益吾年乎？』」孔子對於一直要到晚年才體會《周易》一書之哲理，懊悔不已，因而才有「益吾年」之嘆，希望增加壽命，好好研究《周易》。

在《周易‧繫辭》中有多處載有「子曰」條文，此應為孔子學生所記載無疑，其內容皆為孔子對《周易》研究成果之表述，蘊含孔子的道德思想，我們不禁想知道，孔子到底從《周易》獲得什麼啟示，或者說他是如何利用《周易》傳達他的人生理念？亦即提醒吾人應注意哪些德性？此為本文所欲探究之問題所在。筆者試圖將《周易‧繫辭》中「子曰」條文歸納整理，期能瞭解孔子如何運用《周易》以宣揚人生的道德價值。藉由孔子對《周易》的詮釋，或許能給沈迷於算命的現代人一個警惕作用。

二、孔子對《周易》哲理之詮釋

《周易‧繫辭》中所記錄孔子解《易》的道德條例共有18條。以下詳論之：

（一）慎言語（4條）

孔子立身處世慎重言語，要求君子「古者言之不出，恥躬之不逮也」（《論語‧里仁》）故亦借此觀念來解《易經》。計詮「中孚」、「節」、「同人」、「大有」等四卦：

> 中孚九二：「鳴鶴在陰，其子和之，我有好爵，吾與爾靡之。」

君臣關係猶如父子，君以鳴鶴為喻，臣以子為喻，君有好的爵位，將與臣共享。以鳴鶴為喻，說明君子一言九鼎，應謹慎言語，上位者有上位者的言語，所謂「名不正則言不順，

言不順則事不成」（《論語・子路》），孔子強調名位和言語須相符，上位者一言一行，受人注目，故下達命令前應謹慎思考。孔子借由《易經》「中孚」卦的九二爻所言，以宣揚其慎言語的理念。孔子斷章取義把「鳴鶴在陰，其子和之」的言語和鳴概念與孔子重視言語的思想聯繫起來，所作的詮釋乃依哲理為出發點。他說：

子曰：「君子居其室，出其言善，則千里之外應之，況其邇者乎？居其室，出其言不善，則千里之外遠之，況其邇者乎？言出乎身加乎民，行發乎邇，見乎遠。言行君子之樞機，樞機之發，榮辱之主也。言行，君子之所以動天地也，可不慎乎？」

上位者在宮室之內，即可發號施令，若其言良善，則千里之外之人民亦會呼應聽從，君子一言一行都影響老百姓，故須謹慎小心。孔子又借用「節」卦初九爻辭以說明禍從口出的嚴重性。初九爻辭云：「不出戶庭，無咎。」君子不出戶庭，則沒有罪過。若有罪過，乃是言語不密所引起。孔子釋此句云：

子曰：「亂之所生也，則言語以為階，君不密則失臣，臣不密則失身，幾事不密則害成，是以君子慎密而不出也。」

「吉人之辭寡，躁人之辭多」（《周易・繫辭》），說明言多必失，禍從口出之理。孔子亦強調「君子慎密而不出也」。「同人」九五說：「同人先號咷而後笑……」號咷表示君子間言語不協，貴族不同心。孔子打比方說明同心的言語，正

如芬芳之蘭花，令人衷心尊敬信服。

> 子曰：「君子之道或出或處，或默或語，二人同心，其利斷金，同心之言，其臭如蘭。」

為何同人號咷而後笑，笑指的是同心之言，猶如花香，不笑也難！

言而有信是君子立身處世的良善典範，出言不隨便，《說文》釋「信」曰：「信，誠也，從人言」段注云：「人言則無不信者，故從人言。」孔子亦重視言語之信用，其云：「君子於其言，無所苟而已矣。」（《論語·子路》）因此當孔子解「大有」卦上九爻時，聯想到君子守信而能得天之保祐，得天祐則行事順利，故有吉利之斷語。如以下所釋：

> 易曰：「自天祐之，吉，無不利。」（大有上九）

> 子曰：「祐者助也，天之所助者順也，人之所助者信也。履信思乎順，又以尚賢也。是以自天祐之，吉，無不利也。」

君子若言而有信，謹慎發言，則可獲他人之幫助，先盡自己守信之義務後，始可取得上天之資助。

（二）謙卑（4條）

「謙」卦九三云：「勞謙，君子有終，吉」此強調謙卑之道理。孔子云：「君子義以為質，禮以行之，遜以出之，信以成之」（《論語·衛靈公》）君子行事以義為根本，對

於人事交往應以謙遜為原則，「君子泰而不驕」，不可有驕心，如此則不會自滿，目空一切，故能學習更多事物，猶如大海，容納百川。正如孔子解此爻所云：

子曰：「勞而不伐，有功而德，厚之至也，語以其功下人者也。德言盛，禮言恭，謙也者，致恭以存其位者也。」

謙卑不是虛情假意，而是心存恭敬，如此才能保住官位，以謀社稷福祉。尤其是當君子苦心經營，一路走來，位居高點之時，更須留心謹慎。孔子解「乾」卦上九爻即明白揭示：

亢龍有悔。子曰：「貴而無位，高而無民，賢人在下位而無輔，是以動而有悔也。」

君子在最高成就之際，最易犯目中無人的毛病，因此不受到賢人老百姓的愛戴，因此須謙虛自持，方可無悔。孔子解「咸」九四曰：「憧憧往來，朋從爾思。」亦強調謙沖自牧之德性，而友朋自然發乎內心認同。他把「往」釋作屈，「來」釋為信（伸），並結合氣候與動物之相感應，尺蠖龍蛇在冬寒時所採取屈蟄之保護身體的措拖，是為了夏暑時之生命活動，此種委屈以求伸展之德，是君子所應重視。故孔子申論云：

子曰：「天下何思何慮？天下同歸而殊塗，一致而百慮。天下何思何慮？日往則月來，月往則日來，日月相推而明生焉；寒往則暑來，暑往則寒來，寒暑相推而歲成焉，往者屈也，來者信也，屈信相感而利生焉，尺蠖之屈以求信也，龍蛇之蟄，以存身也，精義入神，以致用也，利安身，以崇德也，過此以往，未之或知也，窮神知化，德之盛也。」

　　孔子解「大過」初六：「藉用白茅，無咎。」亦聯想到
謙虛柔下之重要性。孔子解云：

　　　　子曰：「苟錯諸地而可矣。藉之用茅，何咎之有？
　　　　慎之至也！夫茅之為物薄，而用可重也。慎斯術也
　　　　以往，其無所失矣。」

茅草雖為低賤之物，然其可用來墊用珍貴之祭物，可見其用
處極大。正義注曰：「以柔處下，心能謹慎，荐藉於物，用
潔白之茅，言以潔素之道奉事於上也。」又《象》曰：「『藉
用白茅』，柔在下也。」皆強調謙卑之理也。

（三）遠見（4條）

　　遠見是君子行事成功的關鍵因素之一。故孔子曾言：「人
無遠慮，必有近憂。」（《論語・衛靈公》）遠見一詞，與
短視近利相對。「君子喻於義，小人喻於利」（《論語・里
仁》）即是最佳之詮釋。孔子強調「無欲速，無見小利。欲
速則不達，見小利則大事不同。」（《論語・子路》）若只
見小利，則無法成就大事。因此君子重義，義即是遠見、待
時而動、居安思危、知幾之意也。君子遠見，才會待時；才
會思危；才會知幾；才會量力而為。孔子解《易》正說明此
點。如以下「解」「否」「鼎」「豫」四卦：

　　　　易曰：「公用射隼於高墉之上。獲之，無不利。」
　　　　（解上六）
　　　　易曰：『其亡其亡，繫於苞桑。』」（否九五）

易曰：『鼎折足，覆公餗，其形渥，凶。』言不勝
其任也。」（鼎九四）

易曰：『介於石，不終日，貞吉。』（豫六二）

君子必須具備弓矢等武器，才能獲取獵物。尤其是高墉之上
之隼，難度極高，不可冒然接近，打草驚蛇。孔子建議君子
應藏器於身，待時而動，故其釋『解』上六爻云：

子曰：「隼者禽也，弓矢者器也，射之者人也。君子藏
器於身，待時而動，何不利之有？動而不括，是以出而有獲，
語成器而動者也。」

在安逸時，君子應思及未來可能有危險的可能性，故其
亡其亡，是提示君子快要滅亡了，快要滅亡了，而繫於苞桑
則是建立根基以備不時之需。故孔子發揮云：

子曰：「危者安其位者也，亡者保其存者也，亂者
有其治者也。是故君子安而不忘危，存而不忘亡，
治而不忘亂，是以身安而國家可保也。

時機未到，不可做能力範圍以外之事，像道德淺薄卻居尊
位，智力不足卻妄想謀求大事，實力有限卻扛重任，諸如這
些情況皆是缺乏遠見者，孔子針對「鼎」九四爻所申論發揮。
不自量力就如同鼎的足被折斷般，翻覆國君的佳餚而遭受刑
罰。孔子解云：

子曰：「德薄而位尊，知小而謀大，力小而任重，
鮮不及矣。」

幾者，是指事物未發之前之徵兆，君子若能有先見之明，可
妥處對上及對下的關係。孔子云：

> 子曰：「知幾其神乎！君子上交不諂，下交不瀆，
> 其知幾乎！幾者，動之微，吉之先見者也。君子見
> 幾而作，不俟終日。介如石焉，寧用終日，斷可識
> 矣。」

（四）反思過錯（4條）

孔子將門人分為四科十哲，而顏回位列德行之門。顏回
在孔子心目中更是個好學不倦的優秀弟子，可惜到了二十九
歲時，卻一頭白髮而早夭。據《史記》載云：「魯哀公問：
『弟子孰為好學？』孔子對曰：『有顏回者，好學，不遷怒，
不貳過。不幸短命死矣，今也則亡。』」由於孔子相當欣賞
顏回「不貳過」之懿德，故解《易》時亦提及此事，告誡人
們要時常反省自我的過錯，切勿重蹈覆轍。其云：

> 子曰：「顏氏之子，其殆庶幾乎！有不善，未嘗不
> 知；知之，未嘗復行也。易曰：『不遠復，無祗悔，
> 元吉。』」（復初九）

剛開始覺察有過錯時，應立即改過遷善，勿一錯再錯，永不
復返，如此則無大的後悔，這才是吉利的結果。孔子解「復」
卦初九爻時，聯想到顏回能反思自身過錯，若知道過錯，則
「未嘗復行」，不再重犯。《象》曰：「『不遠』之復，以
修身也。」正義注云：「所以不遠速復者，以能修正其身，

有過則改故也。」說明反省過錯,而改過遷善之重要性。孔子曾感嘆說:「已矣乎!吾未見能見其過而內自訟者也。」(《論語・公冶長》)正因為反省己過者微乎其微,更可顯示顏回在孔子心目中之重要地位。孔子亦鼓勵小人在大過不犯而小錯不斷之同時,應大大地告誡自己應警惕不能再犯,此亦為小人之福報。孔子解「噬嗑」初九云:

> 子曰:「小人不恥不仁,不畏不義,不見利不勸,不威不懲。小懲而大誡,此小人之福也。易曰:『履校滅趾,無咎』,此之謂也。」(噬嗑初九)

正義曰:「『履校滅趾』者,履謂著而履踐也,校謂所施之械也。處刑之初,居無位之地,是『受刑』之人,『非治刑』之主。」說明小人剛犯錯時須遭受小小的足刑,若累積小錯,就要承受大刑。故犯錯之始,應當加以反省,以免重刑。

君子身居高位,應乘華貴之官車,然卻引來小人覬覦偷盜,其不良後果,皆自己招惹,該自我反省。故孔子解云:

> 子曰:「作易者,其知盜乎?易曰:『負且乘,致寇至。』負也者,小人之事也。乘也者,君子之器也。小人而乘君子之器,盜思奪之矣。上慢下暴,盜思伐之矣。慢藏誨盜,冶容誨淫。」(解六三)

正義曰:「又引易之所云,是盜之招來也,言自招來於盜。」說明禍乃自招,應反省改進也。

當君子受困於石且佔據有刺之蒺藜,則其名及身亦同時受到危險,此應反省是否因僭越身份而不自知,因而本不該

受困而受困，自身難保，更遑論救妻。故孔子解云：

> 易曰：「困於石，據於蒺藜，入於其宮，不見其妻，
> 凶。」（困六三）
> 子曰：「非所困而困焉，名必辱；非所據而據焉，
> 身必危。既辱且危，死期將至，妻其可得見耶？」

（五）恆心（2條）

　　孔子認為修養德性須有恆心，他強調安身、易心、定交三者是君子持續不輟之修行功課。孔子依此以解「益」卦上九爻，重視有恆。其云：

> 子曰：「君子安其身而後動，易其心而後語，定其
> 交而後求，君子脩此三者，故全也。危以動，則民
> 不與也；懼以語，則民不應也；無交而求，則民不
> 與也。莫之與，則傷之者至矣。易曰：『莫益之，
> 或擊之，立心勿恆，凶。』」（益上九）

益者，滿也，因上九處高位，毋須增益，貪求無饜，否則有遭受攻擊之可能，因此持續修德，不要放棄，可免於禍端。《論語・子路》亦有一段話，可與此相互呼應：

> 子曰：「南人有言曰：『人而無恆，不可以作巫醫。』
> 善矣！『不恆其德，或承之羞。』子曰：『不占而
> 已矣。』」（子路）

孔子借「恆」卦九三爻辭，說明不堅持到底修德是會遭受羞辱。巫的主要職責在除邪；醫則替人治病，然巫醫絕不為無恆德者服務，否則可能蒙羞，因此孔子說對於無恆心修德者是不配占卜，與其占卜無意義，倒不如不占，故子曰：「不占而已矣」。

三、結語

　　孔子利用當時人們生活依賴占卜的迷信心理，對《周易》進行道德詮釋，計解 18 條爻辭，提醒人們德義為先、而祝卜為後的觀念，此則為孔子對《周易》解卦之現代意義，正所謂「人能弘道，非道弘人」（衛靈公篇）之理性精神，也就是說，占卜乃以修德為前提，與其占卜，倒不如加強慎言語、謙卑待人、具遠見、反思過錯、要有恆心等道德涵養，如此始可遂行其維持社會人倫秩序的儒家核心學說，完成淑世教育之永續基業。否則，人人以嬉戲之態度來占卜，而忽略修身養性，占卜可能成為有心人斂財為惡之工具，社會亂象始終不斷輪迴，永不休止。

第六章　老莊思想

前言

　　春秋末年是個動盪不安的時代，周公制禮作樂的美夢已成泡影，隨之而起的是諸侯間的爭權奪位，人民生活在水深火熱之中，在這樣禮壞樂崩的時代背景下，諸子百家爭鳴，皆欲解決國家爭鬥，倫理失序的問題。孔子的想法是恢復周公禮樂制度，如此則人人有和諧的對待關係，君臣有義、朋友有信、父子有親、長幼有序、夫婦有別。孔子強調的是人間的 order（秩序），但老子的想法卻有所不同，老子則多留心於自然的 order（秩序），他認為人的世界裏，任何的價值都是相對的，會互相比較，比較後，就會互相吵架打架，唯一解決的辦法即是遠離人群，接近大自然，去體悟自然之道。

　　所以孔子和老子思想的相同點，皆為解決當時春秋戰國的動亂問題，所不同的是，前者留心人間秩序，具有仕的人生志向，而老子強調自然秩序，具有歸隱山林的淡泊高志。以下所論，以道家思想為主，並說明其現代意義。

第一節　老子思想淺析

　　似乎許多偉大人物的出生都充滿神話性的色彩。傳說商的始祖契，周的始祖棄，他們的出生都很特別。契的母親吞

下鳥蛋後，就自然懷孕，於是生下他。棄的母親好奇以足踏巨人腳印，結果腹中有所感應而懷孕，因此生下他。這些傳說都很無厘頭，而老子的出生也很奇妙。老子在母親的腹中生活了八十多年，等到時機成熟，便從母親的腋下破皮而出，出來時，已是個白髮斑斑的老頭子了。

　　孔子以復禮為其中心思想，主要是維持人倫秩序，所以關注焦點是社會科學。而老子的核心思想是自然無為，他的興趣是自然科學真理之追求。

一、探索萬物根源

　　《論語》一書提到關於「人」的次數，約有 145 句，提到「物」的次數，只有 1 句。而《老子》一書提到「人」者，約有 78 句，其中關於「聖人」者，就有 31 句之多，提到『物』的地方則有 34 句。可見孔子對於萬物的情況幾乎不感興趣，他的學生子貢也曾說過：「夫子之文章，可得而聞也；夫子之言性與天道，不可得而聞也。」（《論語・公冶長》）更是證明孔子很少講到天道萬物。唯一談到物者，就是：

> 　　子曰：「予欲無言。」子貢曰：「子如不言，則小
> 　　子何述焉？」子曰：「天何言哉？四時行焉，百物
> 　　生焉，天何言哉？」（《論語・陽貨》）

孔子為了讓子貢瞭解「無言」的可貴，所以以天道作比喻，天雖然不說話，但四季依然循環不已，萬物自然生長。

　　而老子則另闢蹊徑，採取不同的視角來觀看客觀世界，

由於是個人興趣，所以對道的分析，有獨到的見解。老子身
處動亂時代，人類生命安全受到衝擊，於是想採取跳開世間
的方式，以求解脫煩惱。他思考著，沒有人類以前，到底是
什麼世界呢？

> 有物混成，先天地生。[84]（第二十五章，頁 123）
> 道生一，一生二，二生三，三生萬物。萬物負陰而
> 抱陽，沖氣以為和。（第四十二章，頁 233-234）
> 天下萬物生於有，有生於無。（第四十章，頁 221）

在天地產生之前，是一個混沌的世界，這個世界稱作『道』
或「無」。道是宇宙的起源，是「絕對」的象徵，沒有任何
東西可與之匹敵。之後，「一生二」，陰陽「相對」之氣開
始產生，「二生三」是陰陽二氣結合後，於是萬物生長了。
老子的思考邏輯是由現象往根源去推索，亦即萬物→三→二
→一（道）。得到了宇宙的起源是「道」之後，接著要說明
道是什麼？

> 道之為物，唯恍唯惚。忽兮恍兮，其中有象；恍兮
> 忽兮，其中有物；窈兮冥兮，其中有精；其精甚真，
> 其中有信。（第二十一章，頁 102）
> 「道」可道，非常道；「名」可名，非常名。（第
> 一章，頁 1）

---

[84] 本書所採用老子版本為嚴靈峰：《老子達解》（台北：華正書局，民
81 年）。

> 視之不見，名曰夷；聽之不聞，名曰希；搏之不得，
> 名曰微；此三者不可致詰，故混而為一。（第十四
> 章，頁 65）

老子時代不是科技時代，當時尚未發明顯微鏡，無法用電子
儀器分析物質屬性，只能靠想像說「其中有象」「其中有物」
「其中有精」。道是一種很精微的東西，它是看不見的，也
聽不著的，更是觸碰不到的。也可以叫它作「夷」；「希」；
『微』，想要深究它是不可能的事。老子把道解釋地很玄妙，
它是不可說的，也是無法正確的形容它的外貌。即使如此，
道有它實際的作用，就是養育萬物。

> 大道汎兮，其可左右。萬物恃之而生而不辭，功成
> 不名有，衣養萬物而不為主。常無欲，可名於小；
> 萬物歸焉而不為主，可名為大。以其終不自為大，
> 故能成其大。（第三十四章）

道的影響力是無所不在，萬物依賴它而生長，而不說話，它
也不把養育萬物的功勞佔為己有。它沒有主宰萬物的欲望，
所以可稱它為小，它能容納萬物，又可稱為大。道不自以為
大，於是能成就它的偉大。

二、弱者道之用

　　老子觀察水、人及植物等發展情形，得出道的運用法則
是柔軟的態度。以下分二部份說明：

（一）觀察水：

　　孔子對水的看法是什麼呢？他認為水是智慧的象徵。他說：

　　　　子曰：「知者樂水，仁者樂山；知者動，仁者靜；知者樂，仁者壽‧」（《論語‧雍也》）

智者樂於和水親近，感受水的靈動及樂趣，具有一種生生不息的能量。但老子觀看水的角度則有不同。他認為：

　　　　天下莫柔弱於水，而攻堅強者，莫之能勝，其無以易之。（第七十八章，頁 400）

　　　　上善若水，水善利萬物而不爭。（第八章，頁 39）

天下萬物以何種東西最柔弱的呢？不是鋼鐵或石頭，而是水，因為任何東西都能穿透它。但它又是最堅強的，因為滴水能穿石。短時間或許無法感受水的威力，但時間一久，堅硬的地形都有可能被水雕塑成各種面貌。表面上，水是最柔弱，但實際上，它是最堅強的東西。水是萬物的生命之源，萬物皆賴以維生。老子正是體悟水的柔弱本質，於是提出「弱者道之用」（第四十章）的命題，悟出人要謙卑、要柔軟、如此則能保全生命。由此，他還告訴我們：

　　　　曲則全，枉則直，窪則盈，敝則新，少則多，多則惑。是以聖人抱一為天下式。不自見，故明；不自是，故彰；不自伐，故有功；不自矜，故長。夫唯不爭，故天下莫能與之爭。古之所謂「曲則全」者，

　　　　豈虛言哉！誠全而歸之。（第二十二章，頁 107-108）

面對困境時，如果硬碰硬，會招來禍端。假使你是一棵高壯的大樹，在面臨颱風的威脅下，你是要挺腰相碰，或是隨風彎曲，以求保全呢？所以「曲則全」，彎曲就能保全。在人際關係的應對上，不自我表現，內心才能光明；不自以為是，才華自然彰顯；不自我炫耀，所以招來功勞；不驕傲自大，彼此關係才能維持長久。

（二）觀察人及植物：

　　柔弱才具有生命力，秉持剛硬態度對待人事，所得到的東西是死氣沈沈。為什麼老子會總結出柔弱勝剛強的道理呢？因為他從人和植物身上學習到的：

　　　　人之生也柔弱，其死也堅強；萬物草木之生也柔脆，
　　　　其死也枯槁。故堅強者死之徒，柔弱者生之徒。（第
　　　　七十六章，頁 391）

活著的時候，人的身體是柔弱的，因為有血液流過，但死的時候，就變得剛硬了。同理，草木有生命時，它的軀幹是柔軟青脆，當它死的時候，就變得枯黃了。於是老子得出一個結論，堅強剛硬的人就如同死亡一般，而柔弱的生命態度才是具有活力的。

三、反者道之動

　　老子認為道的運動規律是「反者道之動」（第四十章），

無論萬物如何發展，到最後還是會返回原點。老子說：

> 吾不知其名，強字之曰道，強為之名曰大。大曰逝，
> 逝曰遠，遠曰反。（第二十五章，頁 124-125）

萬物由下而上生長，隨著時間，離原點愈來愈遠，到最後還是要返回原點。其實這不就是英國物理學家牛頓（1643 － 1727）所發現的萬有引力定律嗎？與老子（約西元前 570-約西元前 480）相差約 2100 年左右，如果當時有顆橘子掉到老子頭上，來個當頭橘喝，中國或許早就發展物理學了。老子如何觀察萬物的呢？

> 萬物並作，吾以觀復。夫物芸芸，各復歸其根。歸
> 根曰靜，靜曰復命。復命曰常，知常曰明。不知常，
> 妄作凶。（第十六章，頁 79）

萬物一同生長，長到一定程度後，它會再返回初生的地方，就好像人類身高到了某個高度後，就不會再長了，如果一直長高，人人不就高聳入雲嗎？到了中晚年就彎腰駝背，一直到老死，進入棺材，回歸大地。草木植物也都如此，有的春生夏長，到了秋天就落葉歸根。歸根是一種虛靜的狀態。處於虛靜，則是回復到生命最初的純真，返回生命的原點是一種自然的常道，體悟常道則為智慧開明，不能理解常道的人，他就會輕舉妄動，於是招來橫禍。以上是老子觀察萬物的生長方向，得出「反者道之動」的真理。

四、人生哲理

1、向自然學習

　　老子很明確告訴人們，要向自然學習：

> 人法地，地法天，天法道，道法自然。（第二十五
> 章，頁126）

老子所說的自然，並不一定指大自然山水美景，而是一種虛
靜的人生態度。所以老子要我們「致虛極，守靜篤。」（十
六章）儘量達到虛靜的狀態，為何老子要提出這樣的想法
呢？因為老子認為人間有太多誘惑，會干擾人的內心平靜。
他說：

> 五色令人目盲。五音令人耳聾。五味令人口爽。馳
> 騁田獵，令人心發狂。（十二章，頁56-57）

與樸實的生活比較而言，人們總喜愛五光十色的燦爛環境，
眼睛愛看美麗的東西，耳朵愛聽甜言密語，嘴巴愛吃山珍海
味，內心不定，喜歡玩樂。長期沈溺在感官刺激的享受當中，
人心會變得詭詐奇巧，變得迷亂，就有可能為非作歹。

> 人多伎巧，奇物滋起。法令滋彰，盜賊多有。（五
> 十七章，頁303）
> 人之迷，其日固久。（五十八章，頁309）

太多的物質慾望及享受，反而使人不知所措，影響社會的安
定。於是老子再度強調：

> 清靜以為天下正。（四十五章，頁 247）
>
> 故聖人云：「我無為而民自化。我好靜而民自正。
> 我無事而民自富。我無欲，民自樸。」（五十七章，
> 頁 304）

試想與紛擾的人間相比，何種環境較為虛靜呢？應該是遠離
人群的大自然吧！

2、以退為進

　　當我們追求理想或目標時，一味地往前邁進，是否就是
最好的方法呢？「天行健，君子以自強不息」的做事態度，
固然令人欽佩，但並非每件事都能盡如人意，有時以退為進
的處事方法，也是我們應當學習的。老子曾說：

> 明道若昧，進道若退，夷道若纇。（四十一章，頁
> 225）

「進道若退」強調行事如果一味地前進，其實好像在後退一
樣。換句話說，表面看似後退，實際卻是前進。老子似乎把
這個道理說得不是很清楚，接著他又補充說：

> 將欲歙之，必固張之。將欲弱之，必固強之。將欲
> 廢之，必固興之。將欲奪之，必固與之。是謂：微
> 明。柔弱勝剛強。（第三十六章，頁 194-195）

如果想要最後讓對方退縮，你必須姑且先任由他擴張勢力；
想要對方衰弱，一定要先任由他強盛起來；想要廢除對方，
一定要先讓他興起，想要奪取對方利益，一定要先給他好

處。這就是所謂的明智。初起階段的柔弱，最終是會勝過剛強的人，因為對方會因你的表面退縮而失去防備之心。所以老子告訴我們不要因一時的後退而沮喪，因為它是作為前進時的動力，休息不就是要走更長遠的路嗎？

3、知足常樂

人的煩惱到底從何而來？這個答案因人而異。老子有他個人的想法：

> 何謂貴大患若身？吾所以有大患，為我有身。及我無身，吾有何患？（十三章，頁61）

老子認為人的煩惱來自於與生俱來的軀體，如果沒有身體的話，哪來的煩惱呢？人只要有臭皮囊，就會受外物的干擾，「五色令人目盲」，於是就有得失心，無論得到或失去，心都會不安定。所以老子說：

> 得之若驚，失之若驚；是謂寵辱若驚。（十三章）

老子觀察出人的煩惱根源是人的身體，但人一出生又不可避免這個身體，應如何解決煩惱呢？老子提出「知足」二字為解藥良方：

> 禍莫大於不知足，咎莫大於欲得。故知足之足，常足矣。（第四十六章，知足者富，強行有志。（三十三章，頁181）
>
> 知足不辱，知止不殆；可以長久。（四十四章，頁243）

如果一味追求外在物質的享受而不知節制的話，禍端就會出現。唯有知足的人才是真正富有，也才能不受到屈辱，使心長久安定下來。可是什麼叫做「知足」呢？簡單地說，就是減少慾望。老子說：

> 保此道者，不欲盈。（十五章，頁73）
>
> 見素，抱樸，少私，寡欲。（十九章，頁91）

常抱持知足的人生態度，不使欲望太過盈滿，簡約樸素的生活才不會有過多的煩惱。老子強調的知足是心靈上的滿足，而非物質上的富有，所以才鼓勵人『見素抱樸』。

4、不比較

只要人與人接觸，自然就有會比較的心理產生。誰的經濟比較富裕，誰的名字比較響亮，誰賺的錢比較多？老子就曾這樣比較過，認為比較的結果是會傷害身體的。他說：

> 名與身孰親？身與貨孰多？得與亡孰病？是故甚愛必大費，多藏必厚亡。（四十四章，頁242）

如果過於追求外在的名利，而忽略心靈的滿足，如此必「大費」，必然消耗過多的元氣。名利的追求受制於人，而心靈的滿足可自我掌控。有時過多的錢財，說不定會招來強盜的覬覦。這種比較的心理在人間才會有的，老子說：

> 天下皆知美之為美，斯惡已；皆知善之為善，斯不善矣。故有、無相生，難、易相成，長、短相形，高、下相盈，音、聲相和，前、後相隨。（第二章，頁12）

在人間，一切的價值皆是相對的，美醜；善惡；有無；難易；長短；高下；音聲；前後……等等。例如說，在台灣，你的身高有 190 公分，應該算很高了，但到了美國，卻又變矮了。所以人比人氣死人。既然一切標準都是相對，乾脆不要去比較，這樣大家都公平。

第二節　莊子思想淺析

前言

　　莊子是老子的代言人，都是屬於道家一派，對宇宙自然的研究提出獨特見解，表現出與孔孟不同的思想。全書充滿寓言色彩，故事趣味，富人生啟示。老莊思想大同小異，但表現手法卻有極大差異。老子語言樸實直接，而莊子以故事方式呈現自然大道，若以詩學的角度看，老子採用賦的方法講道，而莊子以比興方式說道，賦是直接，比興是間接，兩者同歸而殊途。以下以成語故事方式說明：

一、真正的快樂－莊子與好友惠施的對話

　　莊子愛好自然之道，不喜愛人倫規矩的束縛，表現出的理念就是不去當官[85]，以及對生命的真正快樂。莊子有一位

---

[85] 曾有兩位楚國大夫邀請莊子當官，莊子反問他們：「楚有神龜，被供奉在廟堂之上，它是想死了之後留骨而受人珍貴，還是想留著生命而在路上自在地搖著尾巴呢？」還有一則故事是說惠施怕莊子取代他宰相的地位，於是派人尋訪莊子三天三夜。結果莊子見惠施，並表達不

知心好友叫惠施，莊子很佩服惠施的口才，「學富五車」這句成語正是莊子讚美惠施的學問淵博。如《莊子·天下》所云：

> 惠施多方，其書五車，其道舛駁，其言也不中。厤物之意，曰：「至大無外，謂之大一；至小無內，謂之小一。無厚，不可積也，其大千里。天與地卑，山與澤平[86]。（《莊子集釋》，頁 1102）

莊子先是稱讚惠施多才多藝，腹中詩書要五輛大卡車才能裝完，可見其讀書之廣博。接著就批評他所追求的道是以言語勝人的邪道，不合乎自然大道。從他們兩人曾在橋上辯論魚之樂，似乎莊子對惠子好辯的批評頗有道理，「濠梁之辯」便記載這段故事。《莊子·秋水》說：

> 莊子與惠子游於濠梁之上。莊子曰：「儵魚出游從容，是魚之樂也。」惠子曰：「子非魚，安知魚之樂？」莊子曰：「子非我，安知我不知魚之樂？」惠子曰「我非子，固不知子矣；子固非魚也，子之不知魚之樂，全矣！」莊子曰：「請循其本。子曰『汝安知魚樂』云者，既已知吾知之而問我。我知之濠上也。」（《莊子集釋》，頁 606-607）

做官的意願。他把自己比喻成鳳凰，把惠施比喻成鴟，把官位比喻成腐鼠，現在鴟正咬著腐鼠，仰視鳳凰威嚇。以上兩則寓言可見《莊子·秋水》，頁 603-606。

[86] 本書採用莊子版本為（清）郭慶藩編；王孝魚整理《莊子集釋》（台北：萬卷樓出版社，民 82 年）。

魚是水中自由的生物之一，莊子本身快樂，所以他所見的魚
也是從容優哉，可是惠子沒話找話說，問莊子說：「你不是
魚，怎知魚快樂？」接到這個問題，實在不好回答，莊子只
不過要表達內心的喜悅，剛好眼前有魚經過，所以自然說出
「儵魚出游從容，是魚之樂也。」這句話來，試想若是當時
鳥恰好飛過，他也可拿鳥作文章，說「雀鳥高飛從容，是鳥
之樂也」，唉！惠子真不懂莊子之心啊。為了不冷場，只好
認真回答：「你不是我，怎知我不知魚快樂？」惠子不死心，
一定要辯贏，自信地作出結論說：「我不是你，本來就不知
道你快樂，這就如同你本來就不是魚，所以也不知魚快樂，
這是周全的說法」莊子終於知道惠子是很認真在辯論，所以
立刻還以顏色說：「請回到最原始的辯論點，你問我如何知
道魚快樂，其實你已承認魚快樂了，你再問我如何得知，我
的答案是在橋上。」

　　好友惠施似乎看不慣莊子的一些行為，總覺得他特立獨
行，我行我素，十足的 B 型性格，與現實世界格格不入。「鼓
盆而歌」敘述莊子之妻之死，他的因應態度卻與眾不同，顯
示出莊子的大智慧。《莊子・至樂》說：

> 莊子妻死，惠子弔之，莊子則方箕踞鼓盆而歌。惠
> 子曰：「與人居，長子老身，死不哭亦足矣，又鼓
> 盆而歌，不亦甚乎！」莊子曰：「不然。是其始死
> 也，我獨何能 無概然！察其始而本無生；非徒無生
> 也，而本無形；非徒無形也，而本無氣。雜乎芒芴
> 之間，變而有氣，氣變而有形，形變而有生。今又

> 變而之死。是相與為春秋冬夏四 時行也。人且偃然
> 寢於巨室，而我噭噭然隨而哭之，自以為不通乎命，
> 故止也。」（《莊子集釋》，頁 614-615）

莊子妻子死了，好友惠施前往弔唁，這時莊子正蹺著二郎腿，一邊敲著鍋碗瓢盆，一邊哼著不成節奏的歌曲。惠子相當生氣罵道：「你的妻子和你同住，照顧你的生活起居，為你撫養子女，伴你一生，這樣無悔的付出，直到老死，你不為她哭也就算了，你竟然還高興地唱歌，這未免太過份了吧！」莊子趕忙解釋說：「事實不是你所看的那樣。其實剛開始面對妻子的死亡時，我何嘗不傷心難過！但仔細想想，人之初生，本無生命，非但無生命，而且還不具任何形體，不只沒有形體，而且本來尚無一絲氣息。人的生命形成之前是雜散在天地草木之間，先是轉變成陰陽二氣，再凝聚成形體，最後才化為人的生命。所以我的妻子現在又從生變為死，就好像一年四季的循環運行一樣自然。她現在正安眠於天地之間，而我卻痛苦地為她哭泣，這是對生命不通達的愚蠢行為，於是我停止悲傷。」

還好惠施沒想太多，否則會誤解莊子是為了詐領保險金而開心地哼著歌。我們應學習莊子對生命灑脫自在的想法。後來莊子在面對自己死亡時，也同樣表現出豁達的生命觀。《莊子·列禦寇》說：

> 莊子將死，弟子欲厚葬之。莊子曰：「吾以天地為棺槨，以日月為連璧，星辰為珠璣，萬物為齎送。吾葬具豈不備邪？何以加此！」弟子曰：「吾恐烏

鳶之食夫子也。」莊子曰：「在上為烏鳶食，在下
為螻蟻食，奪彼與此，何其偏也！」(《莊子集釋》，
頁 1063)

莊子在臨死前，學生想厚葬他。莊子卻告訴他們說：「廣大
的天地是我的棲身棺材，天上的日月星辰像是美麗的玉佩當
作是我的陪葬品，天下萬物是我的禮物，我的葬禮不是很齊
全嗎？為何還要厚葬呢？」學生表達內心對莊子的敬意，不
忍地說：「我們是怕老鷹爭食您的屍體啊！」莊子回應說：
「你們怕我的屍體被天上的老鷹吃，難道就不怕我的屍體埋
入地下被蟲蟻啃食嗎？你們把老鷹的食物搶來給蟲蟻吃，這
不是一種偏坦嗎！」

二、追求心靈自由──魚和鳥的象徵

魚和鳥雖然生活在不同的環境之中，但卻有一個共同
點，都是自由的象徵。由於莊子追求自由自在的生活，所以
他所講述的故事中，處處可見魚鳥的蹤影。如「鵬程萬里」
「鳩笑大鵬」「朝生暮死」「沉魚落雁」等成語。前三個成
語出自〈逍遙遊〉篇，第四個則語出〈齊物〉篇。《莊子‧
逍遙遊》說：

北冥有魚，其名為鯤。鯤之大，不知其幾千里也。
化而為鳥，其名為鵬。鵬之背，不知其幾千里也；
怒而飛，其翼若垂天之雲。是鳥也，海運則將徙於
南冥。 南冥者，天池也。《齊諧》者，志怪者也。

《諧》之言曰：「鵬之徙於南冥也，水擊三千里，
摶扶搖而上者九萬里，去以六月息者也。」野馬也，
塵埃也，生物之以息相吹也。天之蒼蒼，其正色邪？
其遠而無所至極邪？其視下也，亦若是則已矣。
（《莊子集釋》，頁2-4）

北海有鯤魚，體積大到幾千里，之後轉化為鵬鳥，它想從北
海飛到南海去，起飛時可激起三千里的水花，一飛上天可達
九萬。「鵬程萬里」是指大鵬鳥的飛行能耐可達萬里之遙，
可是較小的鳥類如蟬和斑鳩卻不自量力，嘲笑大鵬鳥說：

我決起而飛，槍榆枋而止，時則不至而控於地而已
矣，奚以之九萬里而南為？（《莊子集釋》，頁9）

我們突然飛起來，停在榆枋小樹上棲息，有時飛不高，就索
性在地面上休息，你又何苦飛上九萬里再向南海遠去呢？莊
子藉由小鳥笑大鳥的故事，來強調小聰明比不上大智慧的道
理，他評論說：

小知不及大知，小年不及大年。奚以知其然也？朝
菌不知晦朔，蟪蛄不知春秋，此小年也。楚之南有
冥靈者，以五百歲為春，五百歲為秋；上古有大椿
者，以八千歲為春，八千歲為秋。此大年也。而彭
祖乃今以久特聞，眾人匹之，不亦悲乎！（《莊子
集釋》，頁11）

朝生暮死，只活一天的菌類是不懂得一個月之久；春生夏死，僅活半年的蟪蛄也不會明白一年四時的交替更迭，這就是小年。楚國南方有棵冥靈樹，可活千歲，上古有大椿樹，可活萬歲，此兩種樹即所謂的大年。但人類中的彭祖只活八百歲，比較起來，小年不及大年，這不是很悲哀嗎？

　　「沉魚落雁」是用來稱讚女子容貌的美麗。它的原意是否如此呢？《莊子·齊物》說：

> 齧缺問乎王倪曰：「子知物之所同是乎？」曰：「吾惡乎知之！」「子知子之所不知邪？」曰：「吾惡乎知之！」「然則物無知邪？」曰：「吾惡乎知之！」雖然，嘗試言之。庸詎知吾所謂知之非不知邪？庸詎知吾所謂不知之非知邪？且吾嘗試問乎女：民濕寢則腰疾偏死，鰍然乎哉？木處則惴慄恂懼，猿猴然乎哉？三者孰知正處？民食芻豢，麋鹿食薦，蝍且甘帶，鴟鴉耆鼠，四者孰知正味？猿猵狙以為雌，麋與鹿交，鰍與魚游。毛嬙麗姬，人之所美也；魚見之深入，鳥見之高飛，麋鹿見之決驟，四者孰知天下之正色哉？自我觀之，仁義之端，是非之塗，樊然殽亂，吾惡能知其辯！」齧缺曰：「子不知利害，則至人固不知利害乎？」王倪曰：「至人神矣！大澤焚而不能熱，河漢冱而不能寒，疾雷破山、飄風振海而不能驚。若然者，乘雲氣，騎日月，而游乎四海之外，死生無變於己，而況利害之端乎！」
> （《莊子集釋》，頁 91-96）

世上每件事物都有共同的標準嗎？不同民族，不同環境，都會有不同的觀念。蝙蝠在西方是惡魔的象徵，因為它會吸人血，但在中國，它卻有不同的涵義。它是福氣的象徵，因為「蝠」與「福」諧音。上段寓言是學生齧缺詢問王倪關於事物是否有絕對標準的問題。王倪反問說：「人睡在溼地則腰痛，泥鰍會嗎？人睡在樹上則恐懼，猿猴會嗎？人、泥鰍和猿猴三者，誰的環境比較好呢？人吃蔬菜和肉，麋鹿吃草，蜈蚣吃小蛇，貓頭鷹和鴉吃鼠。以上何種動物，吃的東西比較正當呢？猿和狙，麋和鹿，鰍和魚，同類適合交往。可是當魚看到人類中的美女，像毛嬙麗姬，就躲入水中；鳥也避開高飛，麋鹿則奔走遠離。人、魚、鳥、鹿，何者才是天下美麗的東西呢？」因此王倪的意思是說，以世俗的標準來看事物，顯得太狹隘了。所以「沉魚落雁」原意是說人們心中的美人是人類的標準，但自然界的魚鳥並不能感受到。今多用來稱讚女子容貌的美麗。

　　「目無全牛」和「庖丁解牛」二句成語皆是形容技藝純熟，能掌握事物規則，做事便能得心應手的意思。《莊子‧養生主》說：

　　　　庖丁為文惠君解牛，手之所觸，肩之所倚，足之所履，膝之所踦，砉然響然，奏刀騞然，莫不中音，合於桑林之舞，乃中經首之會。文惠君曰：「譆，善哉！技蓋至此乎？」庖丁釋刀對曰：「臣之所好者，道也，進乎技矣。始臣之解牛之時，所見無非全牛者。三年之後，未嘗見全牛也。方今之時，臣

以神遇，而不以目視，官知止而神欲行。依乎天理，
批大郤，導大窾，因其固然。技經肯綮之未嘗，而
況大軱乎！良庖歲更刀，割也；族庖月更刀，折也。
今臣之刀十九年矣，所解數千牛矣，而刀刃若新發
於硎。彼節者有間，而刀刃者無厚；以無厚入有間，
恢恢乎其於游刃必有餘地矣。是以十九年，而刀刃
若新發於硎。雖然，每至於族，吾見其難為，怵然
為戒，視為止，行為遲。動刀甚微，謋然已解，如
土委地。提刀而立，為之四顧，為之躊躇滿志，善
刀而藏之。」文惠君曰：「善哉！吾聞庖丁之言，
得養生焉。」（《莊子集釋》，頁 117-119）

文惠君對於庖丁渾然忘我的高超解牛技術，相當驚嘆，於是
好奇詢問庖丁是如何辦到的？庖丁解牛的重點在於「道也，
進乎技也」，高於技巧的招術是道，道即「依乎天理，因其
固然」八字。順著自然的感覺去解牛，牛自然就分散了，只
要不受形體的拘束，而以心靈作主導，如此自可達到行事的
最高境界。這種功夫需要長時間的訓諫才行，庖丁歷經十九
年，解牛才能游刃有餘，利刃如新。

三、有用與無用──無用則保全生命

　　一件事物的有用與無用應從哪個角度看呢？實不實
用，是不是取決個人的主觀認定呢？現在就讀的科系與未來
畢業的出路無關，怎麼辦？莊子從不以狹隘的眼光看人間的
事物，而是以更寬廣的自然角度看紅塵俗世。我們來聽聽他

對「無用之用」的想法。《莊子・人間世》說：

> 山木自寇也，膏火自煎也。桂可食，故伐之；漆可
> 用，故割之。人皆知有用之用，而莫知無用之用也。
> （《莊子集釋》，頁186）

山上的樹木，可以用來作斧柄，油膏可以用來照明。桂樹可
以食用，所以被人砍伐，漆樹可用，所以被人割取。人只曉
得它可用的用處，卻不知它無用的用處。就樹木而言，有用
則沒命，無用則保留。就自然的角度看，樹木可美化環境，
釋放芬多精，未嘗不是一種用處？莊子告訴我們，凡事從寬
廣的角度思考，有時無用亦成有用。莊子進一步舉葫蘆可不
可用的實例說明，《莊子・逍遙遊》說：

> 惠子謂莊子曰：「魏王貽我大瓠之種，我樹之成而
> 實五石。以盛水漿，其堅不能自舉也。剖之以為瓢，
> 則瓠落無所容。非不呺然大也，吾為其無用而掊之。」
> 莊子曰：「夫子固拙於用大矣。宋人有善為不龜手
> 之藥者，世世以洴澼絖為事。客聞之，請買其方百
> 金。聚族而謀曰：『我世世為洴澼絖，不過數金；
> 今一朝而鬻技百金，請與之。』客得之，以說吳王。
> 越有難，吳王使之將。冬，與越人水戰，大敗越人，
> 裂地而封之。能不龜手，一也；或以封，或不免於
> 洴澼絖，則所用之異也。今子有五石之瓠，何不慮
> 以為大樽而浮乎江湖，而憂其瓠落無所容？則夫子
> 猶有蓬之心也夫！」（《莊子集釋》，頁36-37）

魏王送惠施葫蘆種子，惠施將其種成大葫蘆，可是卻不知怎麼用？把它拿來裝水，可是底部不夠堅固。剖開它，當碗瓢，卻又裝不了太多水，於是把它丟了。因此莊子敘述宋人將製造護手霜的技術轉賣給吳國謀士的故事。同樣是不使皮膚龜裂的技術，在宋人的立場上，它可以讓他們做漂洗布絮的生意，謀利數金，可是在吳國謀士的眼光中，以百金購買，將其運用於戰爭，打敗越國，獲得封地。於是莊子建議惠施，何不把大葫蘆當作酒器，繫於腰間，漂浮渡過江河，不須憂慮它裝不下水，否則就是你的格局太小了。

惠施有點不服氣，藉由大樹的無用，駁斥莊子大而無當的言論。《莊子·逍遙遊》說：

> 惠子謂莊子曰：「吾有大樹，人謂之樗。其大本臃腫而不中繩墨，其小枝卷曲而不中規矩。立之塗，匠者不顧。今子之言，大而無用，眾所同去也。」
> （《莊子集釋》，頁39）

惠施說：「有棵大樹，臃腫歪曲，不合挺直的標準，其枝節彎曲，無法製成測量的工具，立在大路之中，工人也看不上眼。你的言論如同這棵大樹，大而無用，應遭眾人唾棄才對！」莊子再舉貓捉鼠而身亡的例子，說明無用則能保全生命的哲理。

> 莊子曰：「子獨不見狸狌乎？卑身而伏，以候敖者；東西跳梁，不避高下；中於機辟，死於罔罟。今夫斄牛，其大若垂天之雲。此能為大矣，而不能執鼠。

> 今子有大樹，患其無用，何不樹之於無何有之鄉，
> 廣莫之野，彷徨乎無為其側，逍遙乎寢臥其下。不
> 夭斤斧，物無害者，無所可用，安所困苦哉！」（《莊
> 子集釋》，頁 40）

狸貓屈身埋伏，等待捉鼠，東奔西跳，不管高低，結果卻誤
中機關，死於獸網之中。而斄牛大如遮天之雲，才能比貓大，
卻不能捉鼠。所以莊子建議惠施把大樹種在廣大的鄉野間，
可以讓人乘涼或睡臥。如此不受人類砍伐，也不妨害別人，
因其對人類無用，故可保全生命，免於困苦。

　　如果想要求別人做事，卻又不知如何開口，「能者多勞」
是一句讚美人且合理的話，這也牽涉到有用與無用之間的拿
捏。《莊子·列禦寇》說：

> 列禦寇之齊，中道而反，遇伯昏瞀人。伯昏瞀人曰：
> 「奚方而反？」曰：「吾驚焉。」曰：「惡乎驚？」
> 曰：「吾嘗食於十漿，而五漿先饋。」伯昏瞀人曰：
> 「若是，則汝何為驚已？」曰：「夫內誠不解，形
> 諜成光，以外鎮人心，使人輕乎貴老，而齏其所患。
> 夫漿人特為食羹之貨，無多餘之贏，其為利也薄，
> 其為權也輕，而猶若是，而況於萬乘之主乎？身勞
> 於國，而知盡於事，彼將任我以事，而效我以功。
> 吾是以驚。」伯昏瞀人曰：「善哉觀乎！汝處己，
> 人將保汝矣！」無幾何而往，則戶外之屨滿矣。伯
> 昏瞀人北面而立，敦杖蹙之乎頤，立有間，不言而
> 出。賓者以告列子，列子提屨，跣而走，暨於門，

> 曰：「先生既來，曾不發藥乎？」曰：「已矣，吾
> 固告汝曰：人將保汝，果保汝矣！非汝能使人保汝，
> 而汝不能使人無保汝也，而焉用之感豫出異也！必
> 且有感，搖而本才，又無謂也。與汝游者，又莫汝
> 告也。彼所小言，盡人毒也。莫覺莫悟，何相孰也！
> 巧者勞而知者憂，無能者無所求，飽食而敖遊，汎
> 若不繫之舟，虛而敖遊者也！」（《莊子集釋》，
> 頁 1036-1040）

列御寇受齊君聘任作官，可是卻因豆漿事件而中途折返，伯
昏瞀對此事好奇，於是問其原由。列御寇說：「我在十家豆
漿店飲食，卻有五家來饋贈賄賂我。心想，他們小本經營，
利潤不高，權力也輕，都還如此對待我，更何況是位高權重、
勞心政事的國君呢？他聘我為官，將考核我的功效，如此壓
力，使我驚駭。」後來，許多人來依附列御寇，而伯昏瞀也
來了，列御寇便向伯昏瞀請教，伯昏瞀表達「巧者勞而知者
憂，無能者無所求，飽食而敖遊」的人生態度，能者多勞，
作官勞心勞力，官場上大都是小人，忠言者甚少，還是當無
能的老百姓，自由自在。莊子藉伯昏瞀之口，說明心智有用
者，則入朝作宮，無用者，則快樂逍遙的思想。

四、人間之小與自然之大

「望洋興嘆」「井底之蛙」是大家耳熟能詳的成語，但
莊子用它來作比喻，是要表達什麼呢？看一件事物若從自然
的角度觀察，人生會有不同面貌嗎？他總是會用一些寓言故

事，委婉幽默地諷刺一些見識短淺之人。莊子藉由河伯和海若的對話，嘲笑孔子的仁義之道，強調自然之道的偉大。《莊子・秋水》說：

> 秋水時至，百川灌河。涇流之大，兩涘渚崖之間，不辯牛馬。於是焉河伯欣然自喜，以天下之美為盡在己。順流而東行，至於北海，東面而視，不見水端。於是焉河伯始旋其面目，望洋向若而嘆曰：「野語有之曰：『聞道百，以為莫己若者。』我之謂也。且夫我嘗聞少仲尼之聞，而輕伯夷之義者，始吾弗信。今我睹子之難窮也，吾非至於子之門則殆矣，吾長見笑於大方之家。」北海若曰：「井蛙不可以語於海者，拘於虛也；夏蟲不可以語於冰者，篤於時也；曲士不可以語於道者，束於教也。今爾出於崖涘，觀於大海，乃知爾醜，爾將可與語大理矣。（《莊子集釋》，頁 561-563）

河伯容納百川，從其眼光看世界，兩岸牛馬已渺小到分辯不清，於是自我陶醉，以為天下之美全在自己身上。可是當他流入北海時，看不到水的盡頭，於是望洋興嘆，自我反省說：「只聽到百分之一的道，就自以為是，以為天下無人能敵。實在慚愧啊！」北海若願意授之大道，因為河伯變得謙虛。北海若說：「青蛙因生長在狹小的井裏，所以很難使它明白大海的世界；壽命短如夏季的小蟲，很難使它瞭解冬天結冰的景況；迂腐的讀書人很難體悟大道，因為他受限於儒教思想。」

　　「螳臂擋車」是一句形容人不自量力的成語，莊子藉由
顏闔向蘧伯玉請教關於教育壞人的故事中，透過智者伯玉之
口，說明教育惡人必須順其本性以導至正途，別學螳螂以臂
擋車，誇耀長處，其實是自不量力，反而觸怒惡者傷人之本
性。《莊子・人間世》說：

> 顏闔將傅衛靈公太子，而問於蘧伯玉曰：「有人於
> 此，其德天殺。與之為無方則危吾國，與之為有方，
> 則危吾身。其知適足以知人之過，而不知其所以過。
> 若然者，吾奈之何？」蘧伯玉曰：「善哉問乎！戒
> 之，慎之，正女身也哉！形莫若就，心莫若和。雖
> 然，之二者有患。就不欲入，和不欲出。形就而入，
> 且為顛為滅，為崩為蹶。心和而出，且為聲為名，
> 為妖為孽。彼且為嬰兒，亦與之為嬰兒；彼且為無
> 町畦，亦與之為無町畦；彼且為無崖，亦與之為無
> 崖；達之，入於無疵。汝不知夫螳螂乎？怒其臂以
> 當車轍，不知其不勝任也，是其才之美者也。戒之，
> 慎之！積伐而美者以犯之，幾矣！汝不知夫養虎者
> 乎？不敢以生物與之，為其殺之之怒也；不敢以全
> 物與之，為其決之之怒也；時其飢飽，達其怒心。
> 虎之與人異類而媚養己者，順也；故其殺者，逆也。
> 夫愛馬者，以筐盛矢，以蜄盛溺。適有蚊虻僕緣，
> 而拊之不時，則缺銜毀首碎胸。意有所至而愛有所
> 亡。可不慎邪！」（《莊子集釋》，頁 164-168）

顏闔不知如何教導一個不正之人，所以請教智者蘧伯玉。蘧
伯玉提示二個教育重點，一是以身作則，一是順其本性。先
做到「形莫若就，心莫若和」。主動親近他，內心保持和順。
再者，「達之，入於無疵」。順著他，直到改過遷善為止。
他想像小孩一樣任性，你就配合他，他想放蕩不拘，你就讓
他放蕩不拘，他不守規矩，你就看情況，讓他為所欲為。蘧
伯玉再以螳螂、老虎及馬作比喻。螳螂自以為手臂可抵擋車
輪，這是誇美自己才華的愚行，反而傷了自己手臂。養虎也
要順著牠的食性，不以生物及全物餵食，怕他分裂食物時動
了怒。養馬者，亦是要順其性而幫其拍除身上蚊蟲。

　　莊子所處的戰國時代，兩國之間，可能因一言不合而使
戰爭一觸即發。「蝸角之爭」是莊子藉由戴晉人說出兩國所
爭之事極小，表達反戰思想。《莊子‧則陽》說：

> 魏瑩與田侯牟約，田侯牟背之，魏瑩怒，將使人刺
> 之。犀首公孫衍聞而恥之，曰：「君為萬乘之君也，
> 而以匹夫從讎。衍請受甲二十萬，為君攻之，虜其
> 人民，係其牛馬，使其君內熱發於背，然後拔其國。
> 忌也出走，然後抶其背，折其脊。」季子聞而恥之，
> 曰：「築十仞之城，城者既十仞矣，則又壞之，此
> 胥靡之所苦也。今兵不起七年矣，此王之基也。衍
> 亂人，不可聽也。」華子聞而醜之，曰：「善言伐
> 齊者，亂人也；善言勿伐者，亦亂人也；謂『伐之
> 與不伐亂人也』者，又亂人也。」君曰：「然則若
> 何？」曰：「君求其道而已矣！」惠之聞之，而見

戴晉人。戴晉人曰：「有所謂蝸者，君知之乎？」
曰：「然。」「有國於蝸之左角者，曰觸氏；有國
於蝸之右角者，曰蠻氏，時相與爭地而戰，伏尸數
萬，逐北旬有五日而後反。」君曰：「噫！其虛言
與？」曰：「臣請為君實之。君以意在四方上下，
有窮乎？」君曰：「無窮。」曰：「知游心於無窮，
而反在通達之國，若存若亡乎？」君曰：「然。」
曰：「通達之中有魏，於魏中有梁，於梁中有王，
王與蠻氏，有辯乎？」君曰：「無辯。」客出而君
惝然若有亡也。客出，惠子見。君曰：「客，大人
也，聖人不足以當之。」惠子曰：「夫吹筦也，猶
有嗃也；吹劍首者，吷而已矣。堯、舜，人之所譽
也。道堯、舜於戴晉人之前，譬猶一吷也。」（《莊
子集釋》，頁 888-894）

齊國國君田侯牟背叛魏國國君魏瑩之後，魏君發怒，兩國陷
入一觸即發的戰爭危機之中。在魏國宮廷上演一場或戰或和
的辯論會，與會人員有：公孫衍、季子、華子、惠子、戴晉
人及主持人魏君，計有六人參加。席間，每人均對齊君毀約
一事發表高見。「蝸角之爭」則出自戴晉人之口。觸氏和蠻
氏是蝸牛頭上的兩個國家，時常為爭地而戰，死傷數萬。戴
晉人譏諷戰爭的無聊，勞民又傷財，應追求內心通達無窮之
道才對！

五、物我兩忘

「相濡以沫」是形容同甘共苦，互相幫助之意。這句成語也是出自莊子，莊子為何說出這句話，他是形容何種動物，互相以泡沫浸潤以求活命？是指人嗎？或是牛？或是魚？《莊子・大宗師》說：

> 死生，命也，其有夜旦之常，天也。人之有所不得
> 與，皆物之情也。彼特以天為父，而身猶愛之，而
> 況其卓乎！人特以有君為愈乎己，而身猶死之，而
> 況其真乎！泉涸，魚相與處於陸，相呴以濕，相濡
> 以沫，不如相忘於江湖。與其譽堯而非桀也，不如
> 兩忘而化其道。（《莊子集釋》，頁 241-242）

人的生死，不用害怕，它像白天黑夜的自然循環一樣，此為物之常情。人愛其生命，更何況更高一層的道呢！人為國君而死，更何況是比國君地位更高的道呢！與其一群魚在乾涸的池裏互相吐出口水，以維持彼此生命，倒不如在廣大的江湖裏，各自過著逍遙自在的生活。與其評論堯桀的人間功過，倒不如跳脫人間約束，去追求無涯的大道！

「莊周夢蝶」說明萬物合一的平等哲理，人是萬物之一，而非萬物之靈，此恰可以提供我們保護動物的省思。《莊子・齊物》說：

> 昔者莊周夢為胡蝶，栩栩然胡蝶也。自喻適志與，
> 不知周也。俄然覺，則蘧蘧然周也。不知周之夢為
> 胡蝶與？胡蝶之夢為周與？周與胡蝶，則必有分

矣，此之謂物化。（《莊子集釋》，頁 112）

人只要不圍限於人為萬物之靈的狹小意識中，即能像莊周夢其變成蝴蝶一樣自在，此等自在已泯除了物我的界限，達到萬物合一的極至境界。不用去計較誰變成誰，人成物，或物成人，萬物之中，是無差別的。

　　以上介紹了幾個常見的成語，如「望洋興嘆」「井底之蛙」「莊周夢蝶」，增進了我們對莊子崇尚自然，追求心靈自由的思想內涵，有了提綱契領的瞭解。

第三節　老莊思想之現代意義──解決人生煩惱

前言

　　上兩節大略介紹了老莊思想，本節接著要來討論它的時代意義。我認為如何解決人生煩惱，以建立樂觀的人生態度，是老莊思想的時代價值所在。老子認為人的煩惱來自於人的身軀，他說：

　　吾所以有大患者，為吾有身。及吾無身，吾有何患？
　　（第十三章）

既有身軀，則有煩惱。後兩句『及吾無身，吾有何患？』是否鼓勵以自殺手段來解決煩惱呢？其實形體不重要，重要的是心靈。莊子補充說：

> 南郭子綦隱机而坐,仰天而噓,荅焉似喪其耦。顏
> 成子游立侍乎前,曰:「何居乎?形固可使如槁木,
> 而心固可使如死灰乎?今之隱机者,非昔之隱机者
> 也?」子綦曰:「偃,不亦善乎,而問之也!今者
> 吾喪我,汝知之乎?女聞人籟而未聞地籟,女聞地
> 籟而未聞天籟夫!」

莊子以『槁木死灰』、心形可分的寓言故事,強調心靈可支
配身體,『今者吾喪我』,說明思想可脫離形體而與萬物合
一。形體只是心靈暫住的地方,形體雖然只有一個,但心靈
卻可以多角度的悠遊,以尋求煩惱的解決方案。何謂多角度
的悠遊?即解決煩惱不能光看表面現象,須先探究其因,再
尋解決方法,以下我將運用老莊思想來解決現代人生的幾個
問題。

一、從自然角度解決人間問題

(一)破除迷信思想

有人選屋不選四樓,而且手機或車牌號碼,也最好不要
出現4,此乃因「四」諧音「死」,聽來相當不吉利,於是
心生恐懼。若以莊子角度,此為井底之蛙。莊子曾說:

> 井蛙不可以語於海者,拘於虛也;夏蟲不可以語於
> 冰者,篤於時也;曲士不可以語於道者,束於教也。

他已明示看事物的角度不可「拘於虛,篤於時,束於教」,

局限在自我封閉的環境中。如果我們放眼世界，心情則大不同。試想「四」在英文或日文中，是否令人聯想「死」呢？在日文，「四」讀成よん（用），英文則讀成 four（厚），與死無關。再從道的角度看，生死如白天黑夜的自然循環，一點也不可怕。我們不能生活在古人生命的包袱裏，應該學學莊子從更寬廣的自然角度看所處的生活環境，這樣才會過得快樂自在。

（二）解決路痴問題，如何認路，向自然學習

有些人生活圈極小，一天所到之處，不是公司或學校，就是待在家。長久下來，所認識的路，只有家門附近那幾條。若要出遠門，心裏則不安起來。一次，我要從台南市區往麻豆去參加喜宴，可是從來沒去過，若藉由人間的路標指引，應可順利到達，如台 17 線往東，高速公路往北。然而，我想到莊子，我彷彿飛離了地面，從宇宙看台灣，似沙，降低一點看，左為海，右為山，地理環境掌握後，再以太陽判斷出東方，於是我掌握去麻豆的大方向，即往北再往東，開車時，左邊會出現海。最後我順利找到喜宴的地方。老子曾說：

> 人法地，地法天，天法道，道法自然。（第二十五章）

脫離人間，效法自然，是一把開啟智慧之門的鑰匙。對於認路而言，白天的太陽和夜晚的月亮，使我們免於迷失方向，一天的日升西落，就是自然的循環，莊子不也說過：

> 死生，命也，其有夜旦之常，天也。

利用自然資源以為己用，生命可獲得安頓，心靈隨之逍遙
自在。

二、從知足角度解決卡奴問題

　　卡奴問題是經濟使然？或是慾望導致的？我以為兩者
皆是，而以不知足為主因。安於貧窮，自得其樂者有之，如
顏回及莊子。孔子讚美顏回說：「賢哉回也！一簞食，一瓢
飲，在陋巷，人不堪其憂，回也不改其樂。」（《論語雍也》）
莊子也曾因貧窮而向貴族借米，結果受到屈辱[87]。可是他們
也都很逍遙自在！今人如王永慶、孫運璿、陳水扁等，亦是
先安於貧窮，而後才有富足人生。所以人生應視情況而享
受。不過，有些人認為刷卡容易，自然一刷再刷，放縱自我，
享受人生。等到帳單一到，欲哭無淚屎。據新聞報導指出，
50 萬卡奴族中，僅有 3 萬是低收入戶，而且消費項目以百
貨公司及 KTV 的享樂行為居多。可見造成卡奴族負債的最
大原因在於個人的慾望太大。老子說：

> 禍莫大於不知足；咎莫大於欲得。故知足之足，常
> 足矣。（第四十六章）

不知足的人會招致大禍，內心欲望太多則會犯大錯。唯有知
足，才是富有。老子提示知足的方法：

---

[87] 見《莊子·外物》，頁 924。莊周家貧，故往貸粟於監河侯。……君
乃言此，曾不如早索我於枯魚之肆。

> 保此道者，不欲盈。（十五章）
>
> 見素，抱樸，少私，寡欲。（十九章）

所謂知足即過著素樸的生活，生活簡單不過度。老子一番話，可供卡奴族警惕省思。

三、從物極必反的角度看待命運問題

有些人很衰，被親戚倒會，被朋友誤會，出門就車禍，買化妝品又買到假貨，若是一年到頭皆如此，則對生命失去信心，若是今年太歲當頭坐，則怪罪太歲年，若是迷信風水，則請人看風水。檢討其因，其實最大問題都在於自己。老子說「自知者明」（三十三章），先瞭解自己才是明智的表現。被親戚倒會了，是不是自己不懂拒絕的圓融，或是為了面子問題？被朋友誤會了，是不是言語太過誇張？出門車禍了，是不是精神不濟，或內心有事？買到假貨的化妝品，是不是太過粗心大意？

生活在科技資訊的時代裏，令人目眩神迷的網際網路世界中，真如老子所言「五色令人目盲；五音令人耳聾」，於是很多人陷於躁鬱的痛苦之中而無法自拔，老子說：

> 夫物芸芸，各復歸其根。歸根曰靜，靜曰復命。復命曰常，知常曰明。不知常，妄作凶。（第十六章）

太過躁動，是會影響人的判斷力，所以要學習虛靜。虛靜之後，則保持一種「反者道之動」的樂觀態度，沒有人會一輩子衰運，衰運到了極致後，好運隨之而來，因為萬物由下而

上生長，到了一定高度後，則返回根本。當你悲傷時，不妨這樣想想「沒有一直悲傷的道理，悲傷過後，快樂即將來到」。

四、從萬物合一看待平等問題

在人間，很多社會問題皆產生於對待不平等。在民主進步的台灣社會中，雖然男女地位已較以往平等，但傳統父權「男尊女卑」的價值觀念仍深植人心，因為台灣女性教育程度普遍升高，所以有些男性一時無法面對傳統順從的女性已日趨漸少的事實，故轉而向外籍新娘（含大陸及港澳）發展，雖然成家立業，但腦了所裝盡是「以我為尊」的兩性階級心態，於是造成離婚率偏高的現象。以下是近五年來台灣社會結婚登記人數表：

結婚登記人數表				
年別	我國總結婚登記數（對）	外籍配偶人數	大陸及港澳地區配偶人數	外籍與大陸配偶所占比率（％）
民國 90 年	170515	19405	26797	27.10
民國 91 年	172655	20107	28906	28.39
民國 92 年	171483	19643	34991	31.86
民國 93 年	131453	20338	10972	23.82
民國 94 年	141140	13808	14619	20.14
較上年增減（％或百分點）	7.37	－32.11	33.24	（1）－3.68
備註	資料來源：內政部戶政司（筆者自製表格） 說明：外籍配偶不含港澳人士 註：（1）係為增減百分點			

　　上表可看出，外籍新娘在 93 和 94 年的比較中，減少了 32.11 百分點，由於『有錢就是大爺』的觀念尚未改變，認為新娘可用金錢買賣，目標遂轉移到大陸和港澳新娘，較 93 年增加了 33.24 百分點，初步顯示兩性平權的觀念尚未真正落實。當然，離婚率偏高不能只歸咎於兩性不平等的觀念上，尚有其他重要因素，此不為本節討論主旨。只是藉此以引出關於平不平等的對待觀念。若人與人的對待都不平等了，如何期待他平等對待其他萬物呢？於是莊子告訴我們：

> 　　泉涸，魚相與處於陸，相呴以濕，相濡以沫，不如相忘於江湖。與其譽堯而非桀也，不如兩忘而化其道。

魚與其生活在乾池而互吐口水以維持痛苦的生活，倒不如到廣大的江湖，逍遙自在。堯桀都是人間地位崇高的國君，已有階級意識存在，不平等對待，則有怨言，倒不如與萬物合一，追求平等的境界。與萬物合一，生命就能獲得充實圓滿。他也以「莊周夢蝶」的故事明示「周與胡蝶，則必有分矣，此之謂物化。」的平等合一的進步觀念。

附錄一

「周易六十四卦表」

8 地坤	7 山艮	6 水坎	5 風巽	4 雷震	3 火離	2 澤兌	1 天乾	下卦＼上卦
天地否	天山遯	天水訟	天風垢	天雷無妄	天火同人	天澤履	乾為天	1 天乾
澤地萃	澤山咸	澤水困	澤風大過	澤雷隨	澤火革	兌為澤	澤天夬	2 澤兌
火地晉	火山旅	火水未濟	火風鼎	火雷噬嗑	離為火	火澤睽	火天大有	3 火離
雷地豫	雷山小過	雷水解	雷風恒	震為雷	雷火豐	雷澤歸妹	雷天大壯	4 雷震
風地觀	風山漸	風水渙	巽為風	風雷益	風火家人	風澤中孚	風天小畜	5 風巽
水地比	水山蹇	坎為水	水風井	水雷屯	水火既濟	水澤節	水天需	6 水坎
山地剝	艮為山	山水蒙	山風蠱	山雷頤	山火賁	山澤損	山天大畜	7 山艮
坤為地	地山謙	地水師	地風升	地雷復	地火明夷	地澤臨	地天泰	8 地坤

「簡易取名參考表」

（1）	（1）	（1）	（1）	（1）	（1）	（1）	（1）	（1）	（1）	（1）	（1）
2	2	2	3	3	4	4	4	5	5	5	6
19	13	11	20	18	19	13	3	12	20	18	10
4	20	20	12	14	2	4	14	6	4	6	7
—	—	—	—	—	—	—	—	—	—	—	—
25	35	33	35	35	25	21	21	23	29	29	23
（1）	（1）	（1）	（1）	（1）	（1）	（1）	（1）	（1）	（1）	（1）	（1）
6	7	7	7	8	8	8	8	8	9	9	9
12	9	18	10	23	9	9	7	13	2	12	22
23	16	6	15	2	16	7	16	20	14	20	10
—	—	—	—	—	—	—	—	—	—	—	—
41	32	31	32	33	33	24	31	31	25	41	41
（1）	（1）	（1）	（1）	（1）	（1）	（1）	（1）	（1）	（1）	（1）	（1）
9	10	10	10	10	11	11	11	11	12	12	12
7	21	3	13	3	12	10	24	12	13	19	13
16	2	12	12	10	12	20	13	14	10	6	4
—	—	—	—	—	—	—	—	—	—	—	—
32	33	25	35	23	35	41	48	37	35	37	29
（1）	（1）	（1）	（1）	（1）	（1）	（1）	（1）	（1）	（1）	（1）	（1）
12	12	13	13	13	13	14	14	14	14	15	15
19	9	3	12	12	18	9	9	11	21	20	10
16	12	15	4	6	17	6	22	12	12	4	8
—	—	—	—	—	—	—	—	—	—	—	—
47	33	31	29	31	48	29	45	37	47	39	33
（1）	（1）	（1）	（1）	（1）	（1）	（1）	（1）	（1）	（1）	（1）	（1）
15	15	16	16	16	16	17	17	17	17	18	18
2	10	9	13	21	9	8	22	18	12	17	11
14	6	14	4	2	6	7	9	17	6	6	10
—	—	—	—	—	—	—	—	—	—	—	—
31	31	39	33	39	31	32	48	52	35	41	39
（1）	（1）	（1）	（1）	（1）	（1）	（1）	（1）	（1）	（1）	（1）	（1）
18	19	19	19	20	20	20	21	21	21	22	22
17	12	6	2	11	21	1	20	8	11	13	3
10	4	7	4	4	4	12	4	10	5	2	12
—	—	—	—	—	—	—	—	—	—	—	—
45	35	32	25	35	45	33	45	39	37	37	37

附錄二

《易》結不易解

　　周易所蘊之理，猶如繩結，千年而降，懸而未解。欲論其時代意義，端視以何角度視之矣。今以數之角度切入，或可揭示其對吾人生活之意義。

　　易繫辭有云：「窮則變，變則通，通則久」本謂古代聖人製造器物，應隨時代演進而日益精良。若移此理於現代生活中數之變化，亦對吾人有更深之啟示。易經將 0 至 9 等 10 個自然數，劃分為二。奇數為陽，而偶數為陰。試圖以陰陽二數統攝天下萬物。簡言之，凡是有數，皆可與易掛勾。由數之變化，可論天下之理。

　　在現代生活中，舉凡車牌、身份字號、測字、姓名、手機……等物件，皆有數字靈動，所謂靈動，是指數字可轉化為六十四卦，再論其吉凶悔吝。數字轉化時，依八卦之順序循環以得出六十四卦。若以測字言之，其公式為：某字÷8＝□…&。其中，某數所除之 8，是指八卦之循環，而&則表示餘數。依乾兌離震巽坎艮坤之順序，對應餘數12345678。若餘 4，則為震卦。據此原理觀之，請隨性說出三字，即可得一卦，以解答心中迷惑。　如「可刊登」三字，首字筆畫為上卦，下二字筆畫總和為下卦，三字總和為變

卦。演算過程為：上字餘五畫為巽，下字 17 畫除 8 餘 1 則為乾，上下卦合成風天小畜卦。

周易小畜卦辭云：「亨，密雲不雨，自我西郊」，而其爻辭或吉或凶，當吾人解卦時，但記警惕則可，即對凶語，應特別謹慎。如初九爻辭所謂：「復自道。何其咎，吉。」九二爻辭又云：「牽復，吉」。以上二條注辭，可略之。九三爻辭云：「輿說輻。夫妻反目」。上九爻辭云：「月幾望，君子征凶」。此二條應引以為鑑。夫妻反目及月幾望，蘊含著「物極必反」之理，在孔子思想裏，其修德行善乃為正途。其解任何一卦，皆以此為首務。

故吾人解卦之思路歷程應為：注意凶語→反省自我→保養德性→身體力行。於是吉可變凶，凶可變吉，其關鍵在於反省自我。

由上可知，易經對吾人之現代意義在於通過日常生活所使用的物件號碼所蘊藏之數字靈動能量，求得易經本卦為手段，然真正義理在於反省自己平日所為，如此便無須求神問卜，而自然能趨吉避凶於無形了。而《易》之結，一言以蔽之，反省矣！

姓名學與儒家精神

一、前言

　　姓名學是一門研究姓名內涵而推知其過去與未來命運的學問。坊間的姓名學派如萬花爭放，百家競鳴般；或由生肖出發、或從筆畫著眼、或自八字推衍，或以象形入手等方法，令人目不暇給。據筆者自大學時代以來，就陸續為親朋好友做過命理的推求，而且準度高達八成以上。再加上姓名學至今仍盛行不墜的情形來看，可見有其參考的價值在。

　　筆者在為友人推求其命運時，對於友人所提及的人生疑問。諸如：考運不好，努力也沒用嗎？算姓名學有何益處嗎？在研究過程中發現姓名學與儒家思想有某種程度上的牽涉。本文就是要透過姓名學的內涵，再結合儒家精神的啟迪，來舉發前人先賢所埋沒已久的人生智慧。

二、略談姓名學

　　姓名學的源頭是從易經之陰偶陽奇象數而來的。也就是姓名的筆畫中，如果是奇數就屬陽，偶數就屬陰。又應用易經的數理概念，結合了十天干（甲乙丙…），十二地支不論，再換算為木火土金水，而就其五行的生剋以占斷吉凶。如以下姓名結構分析：

```
                    1
                              ＞18 天格（陰金）
            謝 17
    16 外格（陰土）          ＞25 人格（陽土）
            明 08
                              ＞23 地格（陽火）
            輝 15
            － － －
        40 總格（陰水）
```

　　以筆者姓名為例，姓名結構中以五格的筆畫換算為陰陽五行，再論其相生相剋的關係，以推求個性才情、家庭相處、人際對待以及各種運勢流轉。此人興趣廣泛、講信用、挫折容忍度高、思想較傳統，可是較難接受變化。對雙親孝順、長官尊敬；深受小朋友的愛戴，可以娶到幫夫運的妻子。交游眾多，待人接物得宜，可是要注意心臟的疾病。

　　我們再來看流年的部分，今年屬壬午馬年，由於壬在十天干屬陽水，所以今年是水年。而五行的輪廻是每十年一次，再加上我們的命盤又是固定的，所以命運就如浪潮般，時高時低，所以我們不需受命運的擺布。取而代之的應該是建立強而有立的自信心。

　　從命盤來看，今年和明年的考運不錯，前提是要付諸行動和努力準備，因為天格陰金生流年陽水，如果是流年來生天格，那就是隨性考考就隨便上了。可是，後年和大後年考運不好，怎麼辦呢？此關涉人生觀念的問題。先不管準不準，我的想法是：上不上，不去管他，只求盡其在我，努力

去準備，上當然最好，可是，如果不上，所唸的與將來也是有幫助的，而且畢竟嘗試過了，下次再考，就累積經驗了。孟子所說的：「盡人事，聽天命」就是這個道理。

　　姓名學可以告訴你那麼多的東西，我們不妨借此機會好好檢視自己的優缺點，進而去改進它們。如果姓名學說你肝很好，可是你老是覺得累，此時你應該注意的是肝的保養，而不是算命準不準的問題。因為姓名學提出了肝的議題來。所以好的觀念很重要，即使有好的名字但所接受的觀念不好，一樣會有很糟的命運發生。

三、提醒與盡人事

　　姓名學像朋友一樣會提醒你所認同的缺點。藉由算命的解析過程中，不得不讓你嘖嘖稱奇，似乎每句每言都深入心坎當中。姓名學到底是在提醒什麼呢？人生各方面都有。隨便舉兩個例子來說。如以上命盤分析中，人際關係是看人格和外格的生剋。兩者為土和土的和諧狀態，說明人際關係一生綜合是不錯的。不過，今年的外格土與大運壬午水年相剋，人際今年可能會有問題，須多留意。先不管準不準，至少他提出了人際關係如何增進。事業宮看天格，是金生水的格局，說明今年努力就會有成果。

　　或許有人會問做任何事本來就要努力的呀！非也，有些事命中注定，再怎麼努力也不成的。如果今年事業宮是土剋水的格局，就算再如何努力也是枉然的。那不就悲觀了嗎？非也。即使今年結果不好，但過程中的獲得可以移做明年用

啊！所以不管預先算出的結果是什麼不是很重要，反而是自己的心態更加重要。這樣的觀念就是孟子所謂「盡人事，聽天命」之理。天命就是姓名學的預知結果，我們先不理，反而是要盡個人最大的努力來完成。雖然成果並非眼前立即呈現，但總會在某方等待我們。

《論語・陽貨篇》說：「天行健，君子以自強不息。」謂天道的運行是循環不已，像姓名學的流年十年一流轉，所以有智慧品德的人會先看透天理，進而效法天道而靠自己的力量，秉持信心去完成人生理想。一般人誤解姓名學為宿命論，更有算命攤不接受中國傳統的儒家思想，僅憑一己之意再機械式地依照姓名學公式胡語瞎說，忽略其中『盡人事』之人文精神。

四、生剋與損益思想

姓名學的分析中運用了五行的生剋原理，說明個人與其他人的相互關係。有些人認為某剋某就會很慘。此為觀念上的大曲解。筆者以為生剋概念與儒家的「損益三友」有密切連繫。損益兩個概念本是易經兩個卦象，即山澤損和風雷益兩卦。後來為孔子所襲用，他認為歷史的發展是通過損益的過程中完成的。《論語・為政》提到：「殷因於夏禮，所損益可知也；周因於殷禮，所損益可知也。」說明一代的禮樂制度的建立是基於前代的經驗總結而有所取捨。一般人以為損就不好，益就好；以為生就好，剋就不好。

老子說：「福兮禍之所倚，禍兮福之所伏」禍福端看個

人的作為，禍福存乎一心，在禍中如不積極進取，就會久禍；如能沈潛準備，就會突困。經由姓名學算出人格剋外格，說明個人性情孤僻，不善交友。此時的作法就是開放自我，廣結善緣，大開學習之門。

孔子說：「損者三友，益者三友」就是姓名學的生剋作用。損者，就是剋；益者，就是生。如果外格剋人格，說明個人行事中可能會有犯小人的危機，可能會交到損友。而外格生人格，則說明人緣好，交到益友，會遇到貴人相助。如果人際關係不佳，先反省自己再改變作為，如此者姓名學即發生了積極的助人功用矣。

如在工作職場，可以看與長官的對應關係；在家庭中，可以看個人與家人的互動相處，配合其個性以建議去留取捨。

五、流年更遞與遠慮近憂

姓名學是以十年為週期推算個人運勢的流轉變化，它預示未來十年的各方面的發展，以供人及早做妥善的生涯規畫。此與孔子所說：「人無遠慮，必有近憂」的未雨綢繆精神契合。

以上述命盤為例，今明二年屬水年，為天格事業宮金所生，意欲人努力朝目標前進，若放棄裹足，成功無望。所以今明二年要把握機會。再過二年（甲乙木年）被事業宮金所剋，氣運減弱。剋的作用是等待時機再出發。如果剛好遇到考試，怎麼辦？由於前兩年有多學習多努力，故於此二年更不須驚慌，以平常心待之，以最好的準備做最壞的打算。本

來是八成不上，然而，先前有著「人無遠慮，必有近憂」的未雨綢繆，於是爭取了那極少數的二成上的機會。

像投稿的成功機率不大，但不管如何，認真用心去寫作，即使這次不上，將來再修改或留作回憶，將來必有用。不上的結果中，至少創作過程也或多或少得到一些無形收穫。姓名學告訴我們人生有很多的方向，需要逐步地去完成，與孔子「人無遠慮必有近憂」的道理不謀而合。

我舉個孔子依其人生智慧解卦的例子：據東漢王充所著《論衡・卜筮篇》所云：

「魯將伐越，筮之，得「鼎折足」。子貢占之，以為凶，何則？鼎而折足，行用足，故謂之凶。孔子占之，以為吉。曰『越人水居，行用舟，不用足，故謂之吉。』魯伐越，果克之。」

文中「鼎」卦是指火風鼎之卦象。易經六十四卦中的第五十卦，其第四爻解釋說：「鼎折足，覆公餗，其形渥，凶。」意謂煮肉用的鼎腳被折斷，肉湯被打翻，鼎身被弄得一塌糊塗，象徵前途充滿險象。而子貢按照卦義，死板地批示為凶，因為魯國討伐越國，行軍必用足來走路，但腳已被砍斷，當然只能坐以待斃。孔子依其人生智慧占為吉卦，因為魯國攻伐越國乃用水師，故與足有沒有被折斷無關，故能得勝。事實亦證明如此。

為何同一卦會有兩極化的論斷呢？似與孔子內在自信

能量的因子有牽連。由於魯國以禮樂治國，而越國卻為蠻夷之邦，於是孔子解卦當然希望魯國能獲勝，再用禮扶植越國，以達「平天下」的遠大理想。

於是筆者再論析姓名學時，亦藉此發揚中國儒家文化精神，提醒該做什麼，生剋時應如何對待，以及如何從流年變化中，做好長期的生涯規畫。

六、結論

推求姓名學的研究者，若忽視其命盤中的儒家人心力量，就失去了算姓名學以建立自信心的積極精神。說穿了，姓名學的人生提醒、生剋變化以及流年更遞的三大功能，與儒家的盡人事、損益和遠慮的三大精神恰好互為體用，有這樣的認知之後，相信對於開創美滿的人生是有助益的。

淺談網路語言現象的背後意義

「安安ㄚ」這句開頭的問候話相信對於在網路聊天室的網友們，應該是不會太陌生才對吧！現代人不知怎麼搞的，紛紛不自覺的陷入了虛擬情境的網路世界中。有了快樂或悲傷的情緒，總寧願以冷冰冰的電腦為媒介而與一些不相干的人分享，卻不想對身旁的朋友傾吐。這到底是什麼道理呢？大概有人會猜說，無聊嘛；或好奇心嘛；或相處要有距離才是美感嘛；或這也是交友的管道嘛……等等。我想，這是一種相當複雜的問題，為了探究問題的核心，唯有親身入聊天室體驗一番，才是正確的解決之道吧！以下我將分三段的說明，來解決我對於網路語言現象的疑惑。先陳述有那些語言現象，再分析為何會有這樣的現象呢？最後再呈現它的背後意義是什麼？

語言現象

一、韻母及聲調脫落

我國的國字音韻結構是由聲母、韻母和聲調三部份所組成的。舉個例子說，像「感謝」的「謝」，注音是ㄒㄧㄝˋ；注音符號的上頭「ㄒ」就是聲母；而下頭的「ㄧㄝ」就是韻母，最後的「ˋ」就是聲調。基本常識搞懂後，就可理解所謂的「韻母脫落」是指注音符號的後面部份消失了，只留下聲母來表達一個完整的意思。這樣的情況如果變本加厲，恐

怕會使人費盡心思來猜你的意思。如「ㄋ 忙完ㄋㄇ」你能猜出她的意思嗎？她是說「你忙完了嗎？」而現今的網路世界的語言就是如此的迷離虛幻，充滿著各種神秘感。類此的例子有：「你ㄐ歲ㄚ」、「走ㄌㄇ」、「去那ㄚ」、「妳ㄅ名字ㄋ」、「還好ㄅ」、「ㄏ ㄏ」……等等，不一而足。以上的句子脫落了「ㄧ」、「ㄚ」和「ㄜ」的韻母和聲調。

二、同音字出現

　　網路語言除了韻母和聲調的脫落現象外，也大量出現了同音字。這在訓詁學上叫做「通假字」：凡基於音近音同的關係，而以一字表示另一語義，而與本義無關者之謂。說簡單一點就是：只借聲音，而不借字義。如「烏」本為鳥名，假借為語詞「烏乎」之「烏」，此「烏」即為假借字。而網路則有：「我第布理泥了」、「偶陳雞　向粉好」、「下跑了」……等等，若想要看懂他的意思，只能用同音字套進去的方法，再結合上下文的語境。

三、國台語混用

　　不同的語言系統在網路上竟也混用了。尤其是國台語的混用，如「阿災」、「安怎」、「蝦米」……等等。這種情況也是利用同音假借的原理，只要懂台語的人，都可揣摩出大概的意思。

原因

為什麼會有上述的這種語言現象呢？我想，應該與網友所使用的注音輸入法、數據機撥接時間限製及學生身份等因素有關：

一、使用注音輸入法

在電腦上的輸入法大約有無蝦米、注音、倉頡、英文、大易等較常用。而為何會有韻母及聲調的脫落呢？很顯然的，與網友大都使用注音輸入法有關。因為其他輸入法無法把國字分離輸出，即不能只輸出聲母或只輸出韻母。像聲母「ㄐ」，在無蝦米輸入法就打不出來。所以要解釋這種現象只能說是先天電腦鍵盤上的注音限制。

二、爭取時間

那為何會有同音字的大量出現呢？還不是因為注音輸入法需要從同音字組中選字出來，而限於有些網友是用計分算錢的數據機撥接方式，所以只好減少選字的時間以提高聊天的效率。

三、好逸惡勞

因為大多數的網友都是學生身份，聊天皆有其特殊的語言。在懶得選字的情況下，往往就會出現一些怪語言。如果多數人常用而形成共識，恐怕未來又會有一次的文字革命了。

背後意義

　　人類文明的演進是循序漸進的，由石器時代而畜牧而農業，再進而工業時代，以至現今的資訊化時代。會有這種語言現象就是因為發展太快速了。因此，打字會少打韻母和聲調，也懶得選字，用同音字代替就行了。

　　因為這種快速的心理造成了生活各層面上的突變。如現代愛情的速食觀念愈來愈盛行，而漠視了古代詩經所揭示「執子之手，與子偕老」的愛情真諦。又如樂透的速財觀念，人人都想一夜致富，卻遺忘了古詩所謳歌「鋤禾日當午，汗滴禾下土」的勞動精神。

　　某知名企業家曾說過：「近十年的資訊時代的發展比過去工商業的發展快了百倍。」這句話一點也不錯。我們從網路的聊天族群所使用的一些語言現象已看出這點求快的心理。

　　我只期待在虛擬網路上的一些語言現象，將來不要侵入了我們的實際生活中，破壞了文字在本質上的表情達意的基本功能，於願足矣！

李商隱〈流鶯〉一詩解析

流鶯漂蕩復參差，度陌臨流不自持。
巧囀豈能無本意，良辰未必有佳期。
風朝露夜陰晴裏，萬戶千門開閉時。
曾苦傷春不忍聽，鳳城何處有花枝。

一、前言

　　晚唐的李商隱詩，給人一種如迷霧般的樸朔迷離之感。他流傳於後世的詩作約有五百多首，其中比較引人注目的是抒情詩。其中又以自傷身世之作最為主要。他的詩歌，每每「因事寄情，寓物成命」〈上令狐相公狀二〉，以詠物來寄寓作者的情懷，自古以來，這種手法就是詩人傳達內心曲折情感的詩歌傳統之一。而李商隱詩作中，就有以詠鶯來寄寓身世的，以同樣的題材，他也曾用蟬來比況過。

　　既然詠物是詩人的抒情手段，而天下萬物何其多，或動物類、或植物類、或無生物類等皆可拿來使用，那麼他為何要選用鶯來抒發心情呢？鷹不行嗎？雁不行嗎？其他寫到關於鶯的題材的詩作，是否有同樣的身世之悲呢？筆者以此疑問而展開對〈流鶯〉詩的解析，由《古今圖書集成》這部大類書來著手，探討關於鶯在歷來的象徵意涵，再列各家對此詩的注釋疑問，最後則分聯來分析，期以此種系統性的解析脈絡，除能體會李商隱自悲身世的喻意外，也在賞析之

餘，來發揮我們對生命的更深層省思。

二、關於鶯的各種聯想

　　據《古今圖書集成》所云：「格物總論云：『鶯，黑尾嘴尖……三四月鳴，聲音圓滑埤雅。倉庚鳴於仲春，……』韓子曰：『以鳥鳴春，若黃鳥之類，其善鳴者也。』」由以上引文，我們歸納出黃鶯的特性是善於鳴叫，且不在其他季節叫，僅在仲春時節叫。據此，李商隱會不會用對比手法來反襯自己內心的悲傷呢？用黃鶯在春天時分在枝頭上開心地的縱情歌唱的形象卻惹來詩人的身世之悲。如果真是如此，那他的其他關於流鶯的詩作是否也是同樣的發抒身世之悲呢？請看下面四首關於鶯的作品：

> A 珠實雖先熟，瓊莩縱早開。流鶯猶故在（一作向），
> 　　爭得諱含來。〈百果嘲櫻桃　李商隱〉
> B 粥香餳白杏花天，省對流鶯坐綺筵。今日寄來春
> 　　已老，鳳樓迢遞憶鞦韆。〈評事翁寄賜餳粥走筆
> 　　為答　李商隱〉
> C 流鶯舞蝶兩相欺，不取花芳正結時。他日未開今
> 　　日謝，嘉辰長短是參差。〈櫻桃花下　李商隱〉
> D 玉管葭灰細細吹，流鶯上下燕參差。日西（一作
> 　　高）千遠池邊樹，憶把枯條撼雪時。〈池邊　李
> 　　商隱〉

這裏有二點要說明的。其一，以「流鶯」為題與內文中有「流

鶯」的主賓地位是有所不同的。前者指詩人使用了「物我雙
寫」的方式。即每句皆與己有關，這是以流鶯為主角來暗寓
自己。而後者就並非如此了。可能某句帶有自己的影子。如
C 例「流鶯舞蝶兩相欺」。而前人在解詩往往犯了這個毛病，
如解〈流鶯〉詩的「不忍聽」（如以下的注釋及解析兩節）。
他們擴大了鶯「以賓為主」的地位。其二，此四首中，或由
題目所揭示的櫻桃花（A 例），或由內文的「杏花天」、「春
已老」等暗示（B 例），皆可知流鶯在春末時節活動力強，
常被詩人引入詩中，無論心情的喜悲與否。

　　我們再從歷代的關於詠鶯的詩賦來觀察〈古今圖書集成
二十六卷鶯部〉，看看是否能歸納出更多的特點。在宋田錫
的〈曉鶯賦〉寫到：「煙樹蒼蒼，春深景芳，聽黃鸝之巧語，
帶殘月之餘光……鶯聲清切……其聲也，纍纍然端若貫珠，
悅春朝之采聽。」以及陳旅的〈題黃鸝海棠圖〉云：「二月
園池蜀錦殷，多情宮鳥喜來看。」我們可以判斷出：鶯常在
仲春時分出現定屬無疑。當然，也有其他季節出現的，如朱
碩燨〈秋日聞鶯東允治〉、范成大〈五月聞鶯〉。此時的鶯
較不受到詩人的愛戴，可能是由於過了春天的鶯，其叫聲不
那麼圓亮，外表也不那麼美麗。這也就不吸引詩人們的注意
了。所以仲春的鶯通常容易入詩。

　　不過，它是一天中何時現身呢？再者，它又是以何種特
色吸引詩人呢？

　　我們再看看其他的詩例吧！楊巨源的〈和武相公春曉聞
鶯〉云：「語恨飛遲天欲明，殷勤似訴有餘情。」這說明了
鶯在清曉時分，容易為詩人所捕捉。還有更多的詩人都是提

到清晨的鶯的清亮歌聲。在僧貫休的〈早鶯〉詩就說：「曉來枝上千般語，應共桃花說舊心。」金昌緒的〈春怨〉詩中也說到：「打起黃鶯兒，莫教枝上啼。啼時驚妾夢，不得到遼西。」在《古今圖書集成‧鶯部》中，所收錄的詩詞裏頭，計有六十九首，其中題目或內文有提及「曉鳴」者，就高達五十九首。由此我們可知鶯的活動時間是清晨破曉之時。

那麼鶯最吸引詩人的特徵為何呢？一般說來，詩人觀察萬物總是先由視覺著手，而較缺乏聽覺的敏感度。因為從視覺的描寫就可盡此物之美，舉凡顏色、外形、姿態等特徵。然而歷代的詩人對鶯的欣賞角度卻多著墨於它的清亮歌聲。儘管有少數寫到它那「金袂菊衣」〈宋田錫‧曉鶯賦〉、「羽毛特異」〈李中‧鶯〉、「自織春風金縷衣」〈謝宗可‧鶯梭〉以及「仰聽金衣語」〈楊萬里‧聞鶯〉的亮麗外表，但還是偏好它的悅耳的清音。如王維〈聽宮鶯〉、司空曙〈殘鶯百囀歌〉、韋應物〈聽鶯曲〉、韓愈〈雲中聞鶯〉以及羅隱〈鶯聲〉等等，不一而足。即使有寫到外表，也都是當鶯聲的陪襯而已。經筆者統計後，在六十九首中有六十三首寫到鶯聲。

詩人總像個細心的攝影師，他憑藉著敏銳的觀察力和感受力，想捕捉天地萬物最美的模樣，再給予特寫以留下永恒的見證。讓其他未及時欣賞到的讀者可以一起分享當時的審美經驗。由上面的考察後，我們得出這樣的結論：鶯在春時的清晨破曉之際，所吟唱的歌聲最為清切圓亮，又悅耳動聽。也正是在此刻的詩人心情最易受牽動，若詩人藉由外物表達與內心情緒一致的手法，筆者定之為「相應」手法。也

就是說，當詩人聽到鶯聲時，此刻的心情是愉悅的。如韓愈的〈和武相公聞鶯聲〉所云：「春風紅樹鶯眠處，似妒歌童作艷聲。」還有上舉陳旅的〈題黃鸝海棠圖〉。

不過，詩人較常使用對比手法來反映內心的各種負面的、消極的情緒。或寫寂寥的，如武元衡〈春曉聞鶯〉：「寂寂蘭堂曉夢驚，綠林斜月思孤鶯。」又如韓愈〈雲中聞鶯〉：「暫囀那成曲，孤鳴豈及辰。」這些都是借鶯聲來反襯己之內心孤單寂寥。或寫相思閨怨的，相思可分為思人和思鄉。如王維〈聽宮鶯〉：「遊人未應返，為此始思鄉。」李益〈和武相公春曉聞鶯〉：「分明似雪文君恨，萬恨千愁絃上聲。」楊維楨〈聽鶯曲〉：「樓前關山人未歸，奈何奈何啼黃鸝。」吳騏〈聞黃鸝〉：「樓中有少婦，獨宿迥含愁。」或寫送別的，如朱恬交〈賦得聞鶯送客〉：「嬌鶯嚦嚦啼芳樹，不解東風有別離。」劉孝孫〈賦得春鶯送友人〉：「料取金閨意，因君問所思。」或寫身世的，如李商隱〈流鶯〉：「流鶯漂蕩復參差，度陌臨流不自持。」

由以上對《古今圖書集成》所做的六十九首的大略分析，我們有得到了一個清晰的輪廓：在富有蓬勃生機的仲春破曉時刻，靜穆的四周有場免費的 solo 演唱會，在枝頭上穿著由春風織成的金縷衣的黃鶯，正不厭其煩地唱著最拿手的主打歌曲給半夢半醒的人們聆聽，若此時被閨婦聽到了，由於心情的對照與落空，可能會被趕走，若被遊人聽到了，由於心情的一致與滿足，可能會一同分享。瞭解此點後，我們再回頭來看李商隱的〈流鶯〉這首，應該能更深入他的悲感世界才對！

三、前人注解疑點

　　清代學者對此詩有詳細的注解，在此不多做說明。只是筆者對於五、六兩句存有高度的疑問，即為何前人解詩如此草率，僅從字面上下功夫，卻無深入其底層做全詩的聯貫的分析。如清人馮浩的注所云：「《漢書郊祀志》『作建章宮，度為千門萬戶。』《漢書東方朔傳》：『起建章宮，左鳳闕，右神明，號千門萬戶。』此聯追憶京華鶯聲，故下接『曾苦』。」依劉本按語云：「此聯謂流鶯無論風朝露夜，陰天晴日，萬戶千門開閉之時，均漂蕩啼囀不已。」

　　馮浩如此注詩，不過是分離了全詩的語境以做個別的詞義考證。而未就全詩的感受經驗來做注釋。我以為第六句的「萬戶千門開閉時」，應指長安城的擊鼓聲。因為李斌城等著《隋唐五代社會生活史》中有提到：「每天晚上鼓聲一響，就準備關門，鼓響八百聲，門就關上，再不許坊中人出坊。……自宮內「曉鼓」聲起，……坊門就開啟。」可見當時在長安內的坊門的開閉就是以宮中鼓聲為依據。這樣才

　　與下句的「不忍聽」才連的起來。指的是流鶯不忍心再聽到鼓聲了，因為每聽到鼓聲就惶恐又虛度了一天了。

　　其次是各家的箋評大抵是把焦點放在流鶯的漂蕩形象而言，借由它的聲音「巧囀」以及姿態「不自持」，來說明李商隱的人生困境。描寫鶯總是由她那與眾不同的美音和美姿，而李商隱卻同樣用此兩個特色來寫他的漂泊身世。這是由於他特殊的性格和遭遇所致。而他也以蟬來寫同樣的流浪不安的心情。而「五六『風朝』句，言朝局之萬變。『萬戶』

句，言黨派之分歧。」的說法似乎是套用政治遭遇的模式來
立說，實有商榷的餘地。並非每首詩皆可用此模式來說解。
且更可笑的是，「萬戶」句明明就指長安的鼓聲〈已如上述〉。
這是古代的一種制度，這樣才能與下句的「不忍聽」和「鳳
城」產生關聯，使語意脈絡暢連。歷代各家對此卻無民俗文
化的常識，令人費解。然而，就此詩而言，寫其漂泊身世應
屬公論。

四、解析

（一）流鶯漂蕩復參差，度陌臨流不自持。

漂流無依的黃鶯正在廣大無涯的天空來來回回高高地
飛翔著，看它漫無目的飛過陸地來到了河流卻找不到可以停
下來休息的地方，難道它不想好好的駐足休憩嗎？不是的，
它根本沒有能力控制自己，命運就偏要狠心地捉弄它啊！

（二）巧囀豈能無本意，良辰未必有佳期。

雖然它有天生的好嗓子可以唱歌給人們聆聽以消憂解
勞，難道它有這麼好的專長而不想好好表現嗎？只是有好的
時運並不表示就會稱心如意啊！不成功的原因有很多，可能
飛到中途，突然之間下了場大雨；也可能遭人類的彈射所
傷，反正這些變數都不是自己所能控制的。

（三）風朝露夜陰晴裏，萬戶千門開閉時。

不過，它似乎有著不認輸的精神，非要找到容身之地不
可。所以即使是整天刮著狂風或下著大雨，無論天候是多麼

的惡劣，它都要賣力地追尋，儘管已聽過這麼遼闊的長安的人們敲過多少次的鼓聲，總是一天天一夜夜不停地飛翔。

（四）曾苦傷春不忍聽，鳳城何處有花枝。

唉！以前曾經一度以為在這充滿生機勃勃、枝繁葉盛的春天裏一定可以找到心目中溫暖的依靠，可是，誰又能知道，它又再一次的期待落空，內心極度的痛苦，真的不忍心再聽到這人們的鼓聲，因為這聲音總是暗示它又虛度了每一日的光陰了。天啊！為什麼在這繁華攘攘的長安城中，照理說，應該很容易找到棲身之所，可是，命運總是百般的刁弄呢？讓它的期待總是落空再落空，到底要到何時才能結束這無奈的漂蕩呢？而我的一生不就像這隻受命運擺弄的流鶯一般的居無定所，永無寧日！

五、結論

想要解析一首詩著實相當的困難，尤其是要破解號稱詩謎的李商隱所設定的人生密碼。筆者先從題目的「流鶯」著手，整理出歷代詩人關於鶯的寫作方式，或用對比手法、或用相應手法，企圖找出鶯與詩人間的情感觀照反映程度。而李商隱找出了漂蕩的精神特徵。從各家的箋評中，筆者也批駁了他們解詩的矛盾與不合理之處，最後，提出了自己對此詩的全新詮解方式，期許做個李商隱的千古知音。

咀嚼一首李商隱〈無題詩〉的趣味

颯颯東風細雨來，芙蓉塘外有輕雷。

金蟾囓鎖燒香入，玉虎牽絲汲井回。

賈氏窺簾韓掾少，宓妃留枕魏王才。

春心莫共花爭發，一寸相思一寸灰。

一、前言

　　李商隱詩的內容撲朔迷離，一向有詩謎之稱。一般而言，我們若從詩題來觀察，大略可知詩人創作時的意圖。可是，李商隱詩卻是個例外。他有很多的無題詩至今仍給人如雲般的捉摸不定，難有定解。歷代的學者試圖以各種不同的角度來分析，或生平遭遇、或社會背景、或時代思想等，皆各自表述，莫衷一是。由於難解，所以有些僅摘句批評，失之全貌。有些則以年代判斷，卻苦無實據。正由於詩有多義性，這樣才顯示他的價值。

　　筆者試圖以輕鬆活潑的解詩方式來呈現當時李商隱與情人約會的特殊畫面。每個場景就如流水般連貫而不可切割。而組成這整個故事的每個躍動的字詞，皆各自扮演著它們的最佳角色，引發讀者們的共同情感。

二、運用想像力的形象思維

　　此詩旨在說明回憶情侶昔時的歡欣情景，而如今兩人卻

無法相見的一種莫可奈何的深沈痛悲。此詩可分兩部分來作聯想，從一至六句是回憶過去的甜蜜恩愛，而後兩句是寫此時此刻的睹花思人而生的抑鬱苦悲。我們借由圖示來清楚分析：

詩句　　　　七句→→八句→→一二句→→三四五六句

時間　　　　現在→→現在過去——————→→

詩境　　　　人見花→ 相思→ →屋外情景→→屋內狀況

　　　從此詩的第七句得知，時間是現在，詩境畫面是詩人舊地重遊，在看花時，想到了「阿娜達」。所以才有第八句的時間是現在和過去的交疊〈故心情才會失去方向〉，畫面是詩人在舊地相思成災，沈痛呼悲。由於想起了過去，所以才有首聯的約會情景。有東風、細雨、芙蓉和雷聲的陪伴。因為有了首聯的細雨和輕雷，才會想進屋內躲雨。頷聯和頸聯說明了擺設氣氛的營造，男女間的情話以及留夜的纏綿。

三、故事的展開

　　　此詩是寫李商隱在芙蓉塘舊地重遊時，看到了可愛的芙蓉花而睹物思人。想起過去與心儀的宮女偷偷幽會的快樂情景，可是如今難再見面，只能獨自嘆息了。

（一）颯颯東風細雨來，芙蓉塘外有輕雷

　　　首聯寫李商隱與女子在種滿芙蓉的池塘邊約會，詩人不改風流本色，俏皮的說：「哇……，妳聽，東風正唱著妳所喜愛的歌曲；妳看，天空正飄著細雨又挾帶小小的雷聲，此

情此景我是畢生難忘的，妳呢？」此時女子的表情像含羞待
放的芙蓉，有意無意地細語道：「待會兒，雨可能會下得更
大，不如我們到屋裏去吧！」詩人自忖著……「真素的，賞
花的興緻都被妳破壞了，或許妳有更好的節目！」兩人邊牽
手邊走向神秘的愛的小窩去了，像極了一對兩小無猜的鴛鴦。

（二）金蟾齧鎖燒香入，玉虎牽絲汲井回

入屋後，詩人便很隨性地在圓桌邊坐著。而女子很自然
地在雕有蟾蜍圖樣的華麗金爐點起香來，不需一刻鐘的功
夫，屋內竟充滿陣陣幽香。這樣的作法有點像生活緊張的現
代人，需要一些使人輕鬆的氣味來提神，減輕壓力，所謂的
「芳香療法」。這樣的氣味若發生在情侶身上，可就會令人
神魂顛倒咿！或許是香味在作祟，此時詩人的話題突然轉到
山盟海誓。

「妳看到屋外的那口裝飾華麗的水井沒？」詩人手指著
那口井，以演說家的慣有手勢。「有呀！我常在那打太極拳
啊！」女子好開心的回答。「真冷！連春天都這麼冷！」詩
人無意地的回應後，開始認真的道出內心話。「寶貝！我對
妳的心就像那口井水一樣，就算有人想來來回回的把水汲
乾，我想，都是徒勞無功的。因為這顆心都將永遠為妳源源
不絕。」

（三）賈氏窺簾韓掾少，宓妃留枕魏王才

「人家不來了啦！」說著說著便起身走到床邊微坐著。
「其實……」女子猛猛的吞了口水，低著頭說道：「我……
是……滿欣賞你的能力和才華的，總覺得你就像韓壽和曹植

那樣英秀挺拔……」「我不過是個卑微的宮女，與你見面是相當困難的，要不是利用這次「出宮人」的機會，我們是無法見面的，可得要好好珍惜才是！」這時的屋外的情形已不重要了，是細雨變大雨？是輕雷變巨雷？是否深夜？

這一切是多麼的美好，多麼的自然呀……

（四）春心莫共花爭發，一寸相思一寸灰

唉！都是芙蓉花惹的禍，就是因為見到花才想到她！越看花就越萌發相思之情。我還是把視線移到其他地方好了，免得我這整顆春心因失望而燒成整片灰燼啊！我想她是很難再出宮了。

無論古今，只要是人都有思想和感情。人與人相處久了，一定會產生某種情感的。若發生在男女之間的話，這可是一件麻煩的事。因為任何病都有藥醫，唯獨一種病是無藥可醫的，那就是相思病。所以我們可想而知，李商隱是得了相當嚴重的相思病。尤其是當他越懷念過去的歡樂時光，對照於現在的空無一切時，他就越痛苦悲傷。佛家有所謂的八苦，其中的一苦，就是求不得。而當他與愛人在無法相見的情況下，他的沈痛究竟是到怎樣的地步呢？就如同詩中所說的：「一寸相思一寸灰」，我的心現在就像就像那灰燼一樣的無生氣，真是痛苦萬分啊！由此，我們也可以想像，當時李商隱的面容是何等的憔悴，身軀是何等的枯槁，活像是現代的有氣質的非洲難民吧！

四、結論

　　在分析李商隱詩的過程中，感覺就好像在燈節時猜啞謎一般的嘔心瀝血。於是筆者試圖以另一種合理的解詩程序來賞析。由圖解的說明，由七句的睹花引發八句的思人，再由首聯的兩人賞景，後因「細雨」和「輕雷」而連接到頷聯及頸聯的屋內蜜語相許。這樣如流水般的情節更帶領我們進入無題詩的另一嶄新的境界。

談王建詩對婦女之關懷

　　王建是中唐時期社會寫實詩派詩人，與張籍齊名。他有一首耳熟能詳的詩歌：「三日入廚下，洗手做羹湯。未諳姑食性，先遣小姑嘗。」（新嫁娘詞），透過《唐詩三百首》之流傳而家喻戶曉。王建詩風樸實自然，用語淺白，富有民間氣息。王建有 525 首詩歌傳世，詩歌題材不侷一隅，如戰爭詩、民俗詩、婦女詩、田園詩……等等。其中王建婦女詩已被文學史所注意。如《中國古代文學史長編》就提及：「王建的婦女題材詩數量多，且以描摹婦女心理，反映婦織作見長。」就筆者觀察《王建詩集》，發現為何王建有大量的婦女題材詩歌？原因在於他十七歲的一場豔遇。其詩〈邯鄲主人〉云：「壚邊酒家女，遺我湘綺被。合成雙鳳花，宛轉不相離。」原來他早年在邯鄲漫游，遇到一位溫柔的酒家女，贈送他一席繡有雙鳳花圖案，此舉極有可能萌發他關心婦女生命之動機，只可惜後來沒再相見。於是王建將早年對女子動心之情化為詩句，深刻表達對婦女關注之意。王建關懷婦女生活，由宮中寫到民間，或狀其悲，或訴其苦，亦歌其才，亦頌其德，內容大體分為三類：其一，禁苑宮女之哀歌；其二，民間婦女之苦怨；其三，女子才德藝能之頌揚。限於篇幅，僅舉其要，以概其餘。

一、禁苑宮女之哀歌

　　王建詩中提到：「未央牆西青草路，宮人斜裏紅妝墓，一邊載出一邊來，更衣不減尋常數。」宮人斜是指宮女的墳墓。「一邊載出」說明宮人老死宮中而葬在未央牆西，而「一邊來」則寫後宮再補入新的宮女。「一邊來」是指皇帝派花鳥使到民間強搶民女以供其享樂。

　　而後宮那麼多的宮女要如何服侍唯一的皇帝呢？可想而知，皇宮中的宮女們自然有爭寵、得寵和失寵的戲碼上演，而王建用詩歌把她們的深層心理勾勒出來。

　　（一）展藝之爭寵心理：

　　　春風吹雨灑旗竿，得出深宮不怕寒。誇道自家能走馬，團（一作園）中橫過覓人看。

「誇道自家能走馬」是說宮女們自誇擅長騎馬之術。若有一騎之長，必得皇上喜寵。若再精通射獵之術，更能獲得賞賜。如「射生宮女宿紅妝，請得弓新各自張，臨上馬時齊賜酒，男兒跪拜謝君王。」胡仔《苕溪漁隱叢話》考證末句云：「後周制，令宮人庭拜為男子拜。」射獵宮女在受到皇帝的賜酒之後，以男兒跪拜之禮感謝君王之賜，而各自展開其射獵之術。騎馬射箭只是爭寵手段的其中一種技能而已，若能以歌舞取得皇上喜愛，亦為樂事。如「自誇歌舞勝諸人」、「樓中日日歌聲好」、「小隨阿姊學吹笙」諸句之描繪（見宮詞）。再看宮女用心競彈樂器之賣力情況。詩云：

> 紅蠻捍撥貼胸前，移坐當頭近御筵。用力獨彈金殿
> 響，鳳皇飛下四條弦。

「紅蠻捍撥」，指西域所製捍撥。捍撥，謂護撥之飾物。三四句寫宮女表現特殊琴藝，彈出優美動聽的鳳凰曲子。

　　而繪畫技巧良佳之宮女亦可得到皇上注意。如以下兩首：

> 移來女樂部頭邊，新賜花檀木五弦。纏得紅羅手帕
> 子，中心細畫一雙蟬。
> 宛轉黃金白柄長，青荷葉子畫鴛鴦。把來不是呈新
> 樣，欲進微風到御床。

在紅羅手帕當中畫一雙蟬是多麼不易，尤其著一「細」字，更可見畫工技巧之高超細膩。同理，在荷葉上畫鴛鴦需克服其運筆之力道均勻分配，「欲進微風到御床」，無非是想引起皇上的青睞。即使得寵之後的宮女，又是如何呢？

　　（二）矛盾之得寵心理：

> 一時起立吹簫管，得寵人來滿殿迎。整頓衣裳皆著
> 卻，舞頭當拍第三聲。

得寵宮女當然頂著勝利光環，受到文武百官在皇殿列隊歡迎，那種得意驕態，真不可言喻。雖如此高貴，但她仍處於不安狀態；因為「聞有美人新進入，六宮未見一時愁」，只要有美人剛被推選入宮，她的危機感便與日俱增。因年老色衰之日，終究會到來。她由剛失寵的前輩遭遇，即可推知未

來的冷落命運，詩云：

> 魚藻宮中鎖翠娥，先皇行處不曾過。如今池底休鋪
> 錦，菱角雞頭積漸多。

得寵的宮女，常得皇帝臨幸陪伴。但如今有新進美人備受寵
愛，於是池底鋪錦已是多餘，在懶於整理的情況下，池底之
菱角雞頭就越積越多了。雖然此時能有陪君王賞花的機會，
但內心驚恐目睹失恩人的淒涼舊院，因為隨時也即將成為下
個失恩人。

　　（三）思鄉或無聊之失寵心理：
　　宮女若未承受皇上恩澤，情感就會轉移到外頭的故鄉。
因為人一受到委屈，能無怨無悔的關懷，也只有自個兒的家
人。詩云：

> 未承恩澤一家愁，乍到宮中憶外頭。求守管弦聲款
> 逐，側商調裏唱伊州。

「伊州」，唐曲名，是一種怨調。剛到宮中就受到冷落的待
遇，哀愁之悲，無處可訴，自然會想起熟悉的故鄉（「乍到
宮中憶外頭」）。因為家人關愛是無私，沒有目的，是出於
真心。而皇帝之寵溺，是短暫，像人的玩具，把玩後，棄之
仍無可惜。來到皇宮，猶如煉獄，怨情難洩，唯有一曲歌，
聊可解悶，所以「側商調裏唱伊州」。側商調是一種哀怨之
曲調。
　　失寵宮女若閒得慌，也算另一種寵溺，怕只怕三更半夜

還要服勞役，為皇帝熨御衣。詩云：

> 每夜停燈熨御衣，銀熏籠底火霏霏（一作微微）。遙
> 聽帳裏君王覺，上直鐘聲（一作上番聲鐘）始得歸。

若是臨時叫喚，尚屬合理。然宮女是每夜每夜輪班服侍君
王，前一班宮女要等到下班鐘聲響起，才能回去休息。人身
自由失去了，還開心得起來嗎？

　　王建還特別注意宮女的幽閉心理之呈現，如：

> 宮人早起笑相呼，不識階前掃地夫。乞與金錢爭借
> 問，外頭還似此間無。

她們從少女入宮，可能一生都要幽閉在這裏，所以對於外頭
的世界相當好奇和嚮往，「爭借問」可看出宮女尚存人身自
由之奢望。黃叔燦《唐詩箋注》云：「一入宮中，內外隔絕，
驚呼借問，情事宛然。」而幽閉期間，有些宮女無事可做，
竟無聊地在樹邊尋覓落花。如：

> 樹頭樹底覓殘紅，一片西飛一片東。自是桃花貪結
> 子，錯教人恨五更風。

首二句表面雖寫宮女之覓撿落花，但含意深婉。抒吐宮人因
年老色衰而失寵之哀怨。幽閉一久，宮人心理竟嚮往道觀生
活，詩云：

> 私縫黃帔（一作同黃縫帔）捨釵梳，欲得金仙觀裏
> （一作內）居。近被君王（一作天恩）知識字，收

來案上檢文書。

「黃帔」，女道士服裝，「捨釵梳」，不復妝飾。首二句寫宮女失寵後，欲往道觀居住。言外正見淒涼寂寞之道觀生活，猶勝禁閉宮中。全詩雖無一怨字，然可見其怨之深矣。

王建還關心宮女生理之細節，詩云：

> 御池水色春來好，處處分流白玉渠，密奏君王知入月，喚人相伴洗裙裾。

「入月」是指女子一個月的生理反應，此為女子私密之事，故需「密」奏君王。古時女子若月事來潮時，在面目間塗丹，以示皇帝。

二、民間婦女之苦怨

除了宮女的悲怨外，王建也很關心民間婦女之苦悲。她們有三種苦怨：工作之苦、思夫之悲和遭棄之怨。〈當窗織〉、〈織錦曲〉和〈擣衣曲〉三首詩是寫關於工作之苦的。〈當窗織〉描繪婦女織衣的苦況，詩云：

> 歎息復歎息，園中有棗行人食，貧家女為富家織，翁母隔牆不得力，水寒手澀絲脆斷，續來續去心腸爛，草蟲促促機下啼，兩日催成一匹半，輸官上頂有零落，姑未得衣身不著，當窗卻羨青樓倡，十指不動衣盈箱。

起首四句，詩人以民歌中常用的「託物起興」手法開篇，謂自家所種的棗子卻被行人所食，遙應「姑未得衣身不著」句，說明織婦所努力的成果，全給上層官員，自己卻享受不到，而婆婆年事已高，只能眼睜睜看著織婦孤單織衣，卻幫不上忙。「水寒」以下四句，在天寒的氣候中，雙手凍澀，織衣的絲線也容易斷。織婦只能以機械動作地續來續去，如果無壓力地織衣，倒還好，可是兩天要織到一匹半的程度，加上織衣機下的草蟲不知婦人之疲苦，竟發出「促促」之聲催促著，怎能不「心腸爛」呢？末四句則織婦苦到極點，竟興起羨慕青樓歌妓，因為她們不用織衣，大箱小籠就裝滿衣服。為何會發出如此大的怨想呢？還不是所織的衣料皆要輸送給官府，而自己呢？「姑未得衣身不著」，沒有足夠的布料為婆婆做衣裳。

　　婦女工作之苦，必有很多辛酸委屈，欲向其夫哭訴。但丈夫或因從商、或因從軍而長年未歸，婦女自然興起思夫之悲悽。〈望夫石〉、〈秋夜曲〉、〈思遠人〉和〈遠將歸〉等四首，皆敘寫婦女思夫之情悲。〈望夫石〉歌頌痴情婦女對感情之堅貞不渝，詩云：

> 望夫處，江悠悠。化為石，不回頭。上頭日日風復雨，行人歸來石應語。

此詩寫一鍾情婦女立於石上，因思念其夫久未歸，而化成石頭。即使是風風雨雨的惡劣氣候，她仍無悔地等待，只盼夫君回來，女石才會開口。只二十餘字，卻表達海枯石爛而情不滅之意。

　　而〈秋夜曲〉和〈思遠人〉二首是寫婦女思念從軍在外
之夫君。「少年若不歸，蘭室如黃泉」寫思君之悲痛，情真
意切，令人感動。〈遠將歸〉詩云：「但令在舍相對貧，不
向天涯金遶身。」只要相聚在舍，即使貧窮也值得。

　　婦女工作苦也好，思夫苦也罷，至少有夫可依靠，此等
苦，尚有安慰。如遭夫拋棄，那等苦，情何以堪啊！〈贈離
曲〉、〈傷近者不見〉、〈宮中調笑詞〉、〈去婦〉等四首
寫關於婦女棄捐之怨。

　　男子之自由棄妻，不外三種原因：無子、色衰愛弛及男
子富貴，有勢力者迫之再娶。王建所寫的棄妻原因卻有所不
同，或因無來由，如〈贈離曲〉、〈傷近者不見〉；或因聽
人閒語，如〈去婦〉；或因失去利用價值，如〈宮中調笑〉。
〈贈離曲〉所云：

> 合歡葉墮梧桐秋，鴛鴦背飛水分流，少年使我忽相
> 棄，雌號雄鳴夜悠悠，夜長月沒蟲切切，冷風入房
> 燈焰滅，若知中路各西東，彼此不忘同心結，收取
> 頭邊蛟龍枕，留著箱中雙雉裳，我今焚卻舊房物，
> 免使他人登爾床。

首二句以「合歡葉墮」和「鴛鴦背飛」比喻婦女已遭遺棄，
什麼原因呢？「少年使我忽相棄」，不說明遭棄原因，此最
令人傷痛欲絕。即使是說明原因，也難以接受。且看〈去婦〉：

> 新婦去年胼手足，衣不暇縫蠶廢簇，白頭使我憂家
> 事，還如夜裏燒殘燭，當初為取傍人語，豈道如今

自辛苦，在時縱嫌織絹遲，有絲不上鄰家機。

一位新婦胼手胝足，辛苦地為夫家付出，到頭來卻因婆婆聽人閒話，竟遭休妻之惡運。如今婆婆悔不當初，因為沒有媳婦幫她織絹做事。還有一種不合理的休妻藉口，物化了妻子，當物品看待，等到沒有利用價值，就休妻。

三、女子才德藝能之頌揚

王建關懷婦女生活，不只寫宮女之怨，婦女之悲，還歌頌她們的良德懿行。如〈宋氏五女〉詩云：

> 五女誓終養，貞孝內自持，兔絲自縈紆，不上青松枝，晨昏在親傍，閒則讀書詩，自得聖人心，不因儒者知，少年絕音華，貴絕父母詞，素釵垂兩鬌，短窄古時衣，行成聞四方，徵詔環珮隨，同時入皇宮，聯影步玉墀，鄉中尚其風，重為脩茅茨，聖朝有良史，將此為女師。（卷四）

王建在二十歲游貝州時，做此詩以讚頌宋氏五女。起首四句寫宋氏五女之願與其他女子不同，誓不嫁人，欲奉養雙親到老。接著述其平日閒暇則『讀書詩』，後因『行成聞四方』，而徵詔入宮，接受表揚。末兩句譽其為良史女師，可謂推崇備致。

他也讚揚當時有名的才女薛濤。〈寄蜀中薛濤校書〉詩云：

> 萬里橋邊女校書，枇杷花裏閉門居，掃眉才子知多
> 少，管領春風總不如。

薛濤在當時是有名的樂妓，文才洋溢，受人尊為「校書」。
「掃眉才子」是王建欽佩薛濤為「畫眉才女」，末句則稱揚
其才華，無人能比。

除了寫靜態的德行外，王建也寫女子動態的體育活動。
如〈尋橦歌〉所云：

> 人間百戲皆可學，尋橦不比諸餘樂，重梳短髻下金
> 鈿，紅帽青巾各一邊，身輕足捷勝男子，繞竿四面
> 爭先緣，習多倚附敧竿滑，上下蹁躚皆著襪，翻身
> 垂頸欲落地，卻住把腰初似歇，大竿百夫擎不起，
> 褭褭半在青雲裏，纖腰女兒不動容，戴行直舞一曲
> 終，回頭但覺人眼見，矜難恐畏天無風，險中更險
> 何曾失，山鼠懸頭猿挂膝，小垂一手當舞盤，斜慘
> 雙蛾看落日，斯須改變曲解新，貴欲歡他平地人，
> 散時滿面生顏色，行步依前無氣力。

尋橦，亦名竿木、戴竿、頂干等。五句「身輕足捷」以下至
末句，寫女子爬竿過程中，配合舞曲，姿態敏捷，動作驚險
之精彩畫面。她們在竿上爬上爬下，蹁躚而舞，尤以「翻身
垂頸欲落地」倒掛金勾式之表演，真叫人替她們捏一把冷
汗。由於「習多」，常常練習，所以即使「險中更險」，她
們又「何曾失」，那裏失誤過呢？「山鼠懸頭猿挂膝」，

她們仍熟練地，像山鼠那樣翻身倒掛，像猿猴那樣以膝鈎
竿。此種高難度的尋橦表演，讓男子看了，也自嘆不如！

　　又寫外籍歌妓之歌藝，如〈觀蠻妓〉所云：

> 欲說昭君斂翠蛾，清聲委曲怨于歌。誰家年少春風
> 裏，拋與金錢唱好多。

蠻妓清亮而帶點哀怨的歌聲中，讓人聯想起昭君出塞之悲
悽，自然又逼真的唱調，感動了春風少年郎，紛紛拋與金錢，
希望她們能再多唱幾曲。

四、結語

　　綜上所述，王建關心婦女的層面相當廣泛，有宮女、有
織婦、擣衣婦、外籍歌妓、青樓倡妓，寫她們的苦，幽閉苦、
工作苦、思念苦和遭棄苦；也寫她們的德藝才能，無論歌藝、
德才和體能，無所不包。在傳統男尊女卑的觀念裏，王建的
大量關心婦女的詩作，是一種傳統「以男為尊」思想上的突
破，在文學史上有一定的地位。

參考文獻

一、書籍

（一）思想類

李學勤主編《十三經注疏・周易正義》（北京：北京大學出版社，
　　1999 年 12 月）

嚴靈峰：《老子達解》（台北：華正書局，民 81 年）。

（清）郭慶藩編；王孝魚整理《莊子集釋》（台北：萬卷樓出版
　　社，民 82 年）。

李鐵筆《命名資料庫》（台北：益群書店，民 90 年）

何榮柱《姓名學教科書》（台北：玄同文化，民 92 年）

（二）文學類

張相《詩詞曲語辭匯釋》（台北：洪葉出版社，1993 年）

王夫之等撰《清詩話》（上海：上海古籍出版社，1999 年 6 月）

陳伯海主編《唐詩匯評》（浙江：浙江教育出版社，1996 年）。

王曙《唐詩故事》（台北：貫雅，民 79 年）。

黃永武著《中國詩學》（台北：巨流，民 65 年）。

（三）語文類

（漢）許慎撰、（清）段玉裁注、（民國）魯實先正補《說文解
　　字注》（台北：黎明文化公司，民 63 年 9 月）

趙元任：《國語語法》（台北：學海出版社，民 80 年）

林慶勳、竺家寧、孔仲溫：《文字學》（台北縣：國立空中大學
　　出版，民 84 年）

王延林：《常用古文字字典》（台北：文史哲出版社，民 82 年）

葉保民等著：《古代漢語》（台北：洪葉文化，民 81）

向夏：《說文解字敘講疏》（台北：書林，民 82 年）

（四）其他

スリーエーネットウーク編著《みんなの日本語 初級 2》（台北：
　　大新書局，1999 年 3 月 15 日）

（清）紀昀總纂《四庫全書總目提要》（石家庄：河北人民出版
　　社，2003 年 3 月）

許茂發編著《自學日本語》（台南：大孚書局，民 80 年 5 月再版）

楊汝安編著《中國百家姓探源》（台北縣中和：玉樹圖書公司，
　　民 89 年）

王昌煥等編《實用應用文》（台北：萬卷樓，民 91）

張仁青編著《應用文》（台北：文史哲，84 年）

高振鐸主編《古籍知識手冊》（台北市：萬卷樓，民 86 年）。

二、期刊

謝明輝（2002 年 6 月），〈淺談網路語言現象的背後意義〉，《中
　　國語文月刊》540 期，頁 83-86。

謝明輝（2002 年 9 月），〈李商隱〈流鶯〉一詩解析〉，《國文
　　天地》208 期，頁 97-101。

謝明輝（2003 年 1 月），〈姓名學與儒家精神〉，《國文天地》
　　212 期，頁 47-50。

謝明輝（2003 年 5 月），〈咀嚼一首李商隱〈無題詩〉的趣味〉，
　　《中國語文月刊》551 期，頁 93-96。

謝明輝（2005 年 2 月），〈談王建詩對婦女之關懷〉，《國文天
　　地》237 期，頁 78-83。

謝明輝（2005 年 8 月），〈《易》結不易解〉，《孔孟月刊》第
　　43 卷，第 11、12 期，頁 23。

國家圖書館出版品預行編目資料

國學與現代生活 / 謝明輝著. -- 一版. -- 臺
北市：秀威資訊科技, 2006 [民 95]
面； 公分. -- （語言文學；PG0094）
參考書目：面
ISBN 978-986-7080-54-7（平裝）

1.漢學

030   95009789

語言文學類　PG0094

國學與現代生活

作　　者 / 謝明輝
發 行 人 / 宋政坤
執行編輯 / 李坤城
圖文排版 / 郭雅雯
封面設計 / 羅季芬
數位轉譯 / 徐真玉　沈裕閔
圖書銷售 / 林怡君
網路服務 / 徐國晉
出版印製 / 秀威資訊科技股份有限公司
　　　　　台北市內湖區瑞光路 583 巷 25 號 1 樓
　　　　　電話：02-2657-9211　　　傳真：02-2657-9106
　　　　　E-mail：service@showwe.com.tw
經 銷 商 / 紅螞蟻圖書有限公司
　　　　　台北市內湖區舊宗路二段 121 巷 28、32 號 4 樓
　　　　　電話：02-2795-3656　　　傳真：02-2795-4100
　　　　　http://www.e-redant.com

2006 年 7 月 BOD 再刷
定價：260 元

讀　者　回　函　卡

感謝您購買本書，為提升服務品質，煩請填寫以下問卷，收到您的寶貴意見後，我們會仔細收藏記錄並回贈紀念品，謝謝！

1. 您購買的書名：＿＿＿＿＿＿＿＿＿＿＿＿＿＿＿＿＿＿

2. 您從何得知本書的消息？

　　□網路書店　□部落格　□資料庫搜尋　□書訊　□電子報　□書店

　　□平面媒體　□ 朋友推薦　□網站推薦 □其他＿＿＿＿＿

3. 您對本書的評價：(請填代號　1.非常滿意 2.滿意 3.尚可 4.再改進)

　　封面設計＿＿　版面編排＿＿　內容＿＿　文/譯筆＿＿　價格＿＿

4. 讀完書後您覺得：

　　□很有收獲　□有收獲　□收獲不多　□沒收獲

5. 您會推薦本書給朋友嗎？

　　□會　□不會，為什麼？＿＿＿＿＿＿＿＿＿＿＿＿＿＿＿

6. 其他寶貴的意見：＿＿＿＿＿＿＿＿＿＿＿＿＿＿＿＿＿

　　＿＿＿＿＿＿＿＿＿＿＿＿＿＿＿＿＿＿＿＿＿＿＿＿

　　＿＿＿＿＿＿＿＿＿＿＿＿＿＿＿＿＿＿＿＿＿＿＿＿

　　＿＿＿＿＿＿＿＿＿＿＿＿＿＿＿＿＿＿＿＿＿＿＿＿

讀者基本資料

姓名：＿＿＿＿＿＿＿＿＿＿　年齡：＿＿＿＿　性別：□女 □男

聯絡電話：＿＿＿＿＿＿＿＿　E-mail：＿＿＿＿＿＿＿＿＿

地址：＿＿＿＿＿＿＿＿＿＿＿＿＿＿＿＿＿＿＿＿＿＿＿

學歷：□高中(含)以下　　□高中　　□專科學校　　□大學

　　　□研究所(含)以上 □其他＿＿＿＿＿＿＿

職業：□製造業 □金融業 □資訊業 □軍警 □傳播業 □自由業

　　　□服務業 □公務員 □教職　□學生 □其他＿＿＿＿＿

(請沿線對摺寄回,謝謝!)

秀威與 BOD

BOD（Books On Demand）是數位出版的大趨勢，秀威資訊率先運用 POD 數位印刷設備來生產書籍，並提供作者全程數位出版服務，致使書籍產銷零庫存，知識傳承不絕版，目前已開闢以下書系：

一、BOD 學術著作—專業論述的閱讀延伸
二、BOD 個人著作—分享生命的心路歷程
三、BOD 旅遊著作—個人深度旅遊文學創作
四、BOD 大陸學者—大陸專業學者學術出版
五、POD 獨家經銷—數位產製的代發行書籍

BOD 秀威網路書店：www.showwe.com.tw
政府出版品網路書店：www.govbooks.com.tw

永不絕版的故事·自己寫·永不休止的音符·自己唱